Die Staatlichen Antikensammlungen.

Die Autorin **Kaija Voss**

wurde in Berlin geboren, studierte Architektur an der Bauhaus-Universität Weimar und promovierte 1998 an der Universität Hannover. Anschließend arbeitete sie an der Technischen Universität Dresden, zeitweise für das Bayerische Landesamt für Denkmalpflege und seit 2013 als freie Mitarbeiterin der Bayerischen Staatszeitung.
Zahlreiche Veröffentlichungen und Vorträge zu Themen der Bau- und Kunstgeschichte machen sie zur ausgewiesenen Architektur-Historikerin. Sie lebt heute als freie Autorin, Dozentin und Stadtführerin in der Nähe von München.

Wir danken allen Beteiligten an der Entstehung dieses Buches.
Die Publikation entstand in Kooperation mit den Partnern aus Kunst, Kultur und Wissenschaft im Kunstareal München.
Mit freundlicher Unterstützung durch die

Landeshauptstadt
München
Kulturreferat

Diese Publikation erscheint im MünchenVerlag in der
Chr. Belser Gesellschaft für Verlagsgeschäfte GmbH & Co. KG
ISBN 978-3-7630-4030-8

Projektbetreuung: Lioba Betten, München
Gestaltung und Satz: MABENY Kommunikation & Design GmbH & Co. KG, München
Gesamtherstellung: Print Consult, München

www.muenchenverlag.de

MIX
Papier aus verantwortungsvollen Quellen
FSC® C084279

KAIJA VOSS

KUNSTAREAL MÜNCHEN

KUNST.KULTUR.WISSEN

INHALT

Der Plan zum Weg befindet sich auf den Seiten 142/143.

EIN „SKULPTURENWEG" IM KUNSTAREAL

U-Bahn Station Königsplatz. Vorbei an den riesengroßen Glasfenstern vom Zwischengeschoss der U-Bahn, geht es hinauf zur Oberfläche. Links im Blick: ein bronzenes „Wildes Pferd" (1965), gestaltet vom Bildhauer **Alexander Fischer**. Gelbe Lichtskulpturen „Untitled" von **Dan Flavin** weisen den Weg zum Eingang des Lenbachhauses. Rechts davon die Fassade des Ateliergebäudes von Franz von Lenbach. In unmittelbarer Nähe steht ein Kunstwerk von **Fritz Koenig**, die „Große Kugelkopfsäule" (1969/71). Die Werke des Bildhauers, der bis 1992 Professor für Plastisches Gestalten an der Technischen Universität München war, sind im Kunstareal an mehreren Stellen präsent. Ein weiteres, sein „Großes Votiv K" (1963), steht seit 1995 in der Luisenstraße vor der Bayerischen Sammlung für Geologie. Es wurde 1965 von der Städtischen Galerie im Lenbachhaus erworben.

Lässt man sich darauf ein, wird der Weg über das Kunstareal zu einem Kunstspaziergang, ohne Eintrittsgelder. Idealer Weise beginnt er am Königsplatz, im besten Fall geht es sogar durch die Propyläen (1862), als repräsentativem Eingang. Im Inneren dann ein Lehrstück zum Klassizismus: **Leo von Klenze** liebte die Polychromie und nicht nur weiße, edle, aber „blutleere" Tempelfronten – eine Vorstellung des Joachim Winckelmann. Klenze war sich durchaus bewusst, dass griechische Tempel farbig waren und setzte das in seinen eigenen Entwürfen um, zum Beispiel bei der Bemalung der Kassettendecken und der Fassung der ionischen Kapitelle. Die Propyläen stehen als Denkmal für den Befreiungskampf der Griechen gegen die Türken und den Wiederaufbau des Landes unter König Otto I., dem jüngsten Sohn Ludwigs I. Auf der Fassade der beiden Pylonen ist die Vorgeschichte der Thronbesteigung von Otto I. dargestellt, entworfen von Ludwig von Schwanthaler.

Direkt über den klassizistischen Königsplatz, zwischen Glyptothek und Antikensammlungen, geht es nun geradeaus. Dabei erblickt man auf dem Giebel der Antikensammlungen die „Bavaria als Schützerin der Künstler unter Ludwig I." von **Ludwig von Schwanthaler** und gegenüber thront im Giebelfeld der Glyptothek die „Athena Ergane als Lehrmeisterin der Bildhauer" von **Johann Martin von Wagner**.

Wegweisend: von der U-Bahn-Station direkt ins Lenbachhaus – die gelben Lichtstelen „Untitled" (1994) von Dan Flavin.

Beim geradeaus Gehen ist der 29 Meter hohe Obelisk im Zentrum des Karolinenplatzes von **Leo von Klenze**, aufgestellt 1833, nicht zu übersehen. Linkerhand, hinter dem Sockel eines von Wildwuchs befreiten „Ehrentempels", bricht die moderne, strukturierte Architektur des NS-Dokumentationszentrums hervor. Dazu gehört das im April 2015 an der Brienner Straße aufgestellte Kunstwerk „Brienner 45" von **Benjamin** und **Emanuel Heisenberg**, zusammen mit **Elisophie Eulenburg.**

Entlang der Arcisstraße, in Richtung TU München geht die Erkundung weiter. Die Hochschule für Mu-

Beliebt: ein undefinierbares Wesen auf der Suche … „Present Continuous" (2011) von Henk Visch.

sik und Theater bleibt rechts. Hinter der Glyptothek auf der linken Seite, befindet sich eine Grünfläche mit Bänken unter schönen alten Bäumen: Kastanie, Buche, Ahorn. Von hier aus lohnt es sich, den Blick einmal auf die rückwärtige Fassade der Glyptothek zu richten: zu entdecken ist ein bemerkenswertes architektonisches Detail, das so genannte „Palladio-Motiv". Das Rundbogenfenster, das symmetrisch von zwei kleineren rechteckigen Fenstern umgeben ist, verwendete der Renaissance-Architekt **Andrea Palladio** an seiner „Basilika" (1614) in Vicenza. Ausgehend von diesem Bau wurde das Motiv zu einem festen Bestandteil klassischer Architekturformen. Gegenüber der Rückseite der Glyptothek steht ein von der architektonischen Form her eher schlichtes, durch seine grüne Fassade aber Aufsehen erregendes Bauwerk: die Mensa der TU München. Sie wurde vom deutschen Architekten **Franz Hart** geplant und 1956/57 erbaut. Im Jahre 1979 gewann der Bau den Wettbewerb „Denkmalschutz und Neues Bauen".

An der Ecke Arcisstraße / Gabelsbergerstraße tritt man in den öffentlichen Raum zwischen den Pinakotheken und dem Museum Brandhorst ein. Hier sind zahlreiche Skulpturen aus dem 20./21. Jahrhundert aufgestellt, die größtenteils von den Bayerischen Staatsgemäldesammlungen oder der TU München erworben wurden. Sie geben dem Kunstareal stadträumliches Ambiente und sorgen gemeinsam mit den großen Rasenflächen für Aufenthaltsqualität.

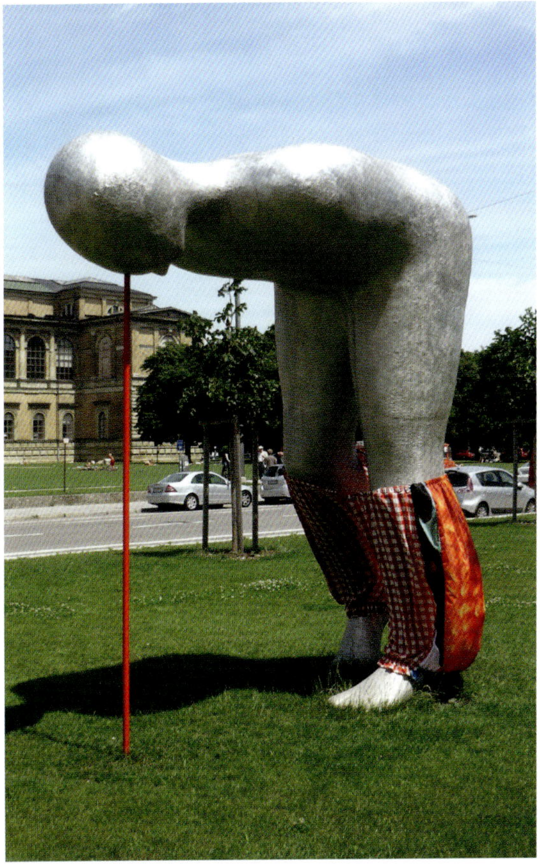

Vor dem Gebäude des Ägyptischen Museums sieht man zuerst einmal den neugierigen silbernen Mann, der sich mit einem roten Sehstrahl müht, einen Blick in die unterirdischen Räume des Museums zu erhaschen: „Present Continuous" (2011) von **Henk Visch**.

In einem Kastanienwäldchen, das sich, etwas entfernt, auf der süd-östlichen Seite der Alten Pinakothek befindet, steht das „Trojanische Pferd" von **Hans Wimmer**. Die hier befindliche ionisch-griechische Inschrift lautet in der Übersetzung: *„Diese aber, geschart um den hoch berühmten Odysseus, saßen bereits auf dem Marktplatz der Troer versteckt in dem Pferd; selbst nämlich hatten es die Troer in die Oberstadt (Akropolis) geholt."*

Das Thema „Pferd" nimmt offenbar auf dem Kunstareal einen großen Raum ein – vielleicht stellt sich gerade inmitten der Stadt erneut die Frage nach dem Verhältnis des Menschen zur Natur, welches in der Jahrtausende alten Beziehung von „Pferd und Reiter" sehr gut visualisiert werden kann. An der Westseite der Alten Pinakothek, vor der TU München steht der „Rossebändiger" (1931) von **Bernhard Bleeker**, heute leider nur noch ohne Ross. Hinter dem Kunstwerk sieht man die Fassade der TU München, hier beginnt auch der TU-Campus. Gegenüber der „Rosselenker"(1931) mit Ross, von **Hermann Hahn**. Beide Kunstwerke wurden im Zusammenhang mit der Universitätserweiterung durch German Bestelmeyer für den Außenbereich der TU erworben. Heute stehen sie symbolisch als Mahnmale gegen Krieg und Zerstörung.

Im Grünraum zwischen Alter und Neuer Pinakothek präsentiert sich geradezu eine Parade zeitgenössischer Künstler und Kunstwerke. Der Reihe nach: Von der Arcisstraße aus kommt man zuerst an der „Doppelsäule 23/70" (1970) von **Erich Hauser** vorbei, einer Schenkung der Theo Wormland-Stiftung von 2013. Danach ist die 2003 erworbene „Große Biga" (2000–2001) von **Fritz Koenig** zu sehen. Die Monumentalplastik stellt einen antiken Streitwagen mit zwei Pferden dar. In unmittelbarer Nachbarschaft die „Liegende Figur"(1969/70) von **Henry Moore**, erworben 1981. Der Engländer ist bekannt für seine großen, abstrakten Skulpturen, meist handelt es sich um Abstraktionen des menschlichen Körpers, typischerweise in Ruhestellung. So auch das andere Werk des Bildhauers in München, vor der Fassade der Neuen Pinakothek auf der linken Seite, die „Große Liegende" (1957), erworben 1959.

Abwartend: Das „Trojanische Pferd" (1978–1982) von Hans Wimmer.

Der "Rosselenker" (mit Ross) von Hermann Hahn und der "Rossebändiger" (ohne Ross) von Bernhard Bleeker.

Vor dem Eingang der Neuen Pinakothek „Miracolo", eine Reiterskulptur des Italieners **Marino Marini**. Erneut das Thema „Pferd und Reiter", das auch einen wesentlichen Teil seines Werkes einnimmt. Im Wasserbecken vor der Neuen Pinakothek und ihrem Restaurant „Hunsinger" liegt ganz entspannt die bronzene „Aglaia" (1961), eine der drei Grazien, mit wehendem Haar. Der Münchner Bildhauer **Toni Stadler** hat die anmutige Gestalt 1961 geschaffen und 20 Jahre später den Bayerischen Staatsgemäldesammlungen geschenkt. Ebenfalls in grünem Wasser, bereits an der Barer Straße, stehen die „Kontinente" (1984), eine 5-teilige Bronze von **Georg Brenninger**, ebenfalls eine Schenkung. Ein paar Schritte weiter gen Norden ist erneut ein Werk von **Fritz Koenig** zu sehen: „Große zwei V" (1973).

„Miracolo" (1961/62), eine Reiterskulptur von Marino Marini.

Metallisch: „Große Biga“ (2000/01) von Fritz Koenig.

Entspannt: die „Aglaia“ (1961) von Toni Stadler.

Der Weg führt nun zurück zu den Bauten des Kunstareals, genauer zur Pinakothek der Moderne. Auf dem Weg dorthin kommt man am „Zueinander"(1996) des 1925 in München geborenen Bildhauers **Alf Lechner** vorbei. Seine Stahlplastiken basieren auf einfachen geometrischen Formen wie Kreis, Rechteck, Quader, Würfel. Alf Lechner dazu: *„Ich will durch planmäßige Zerlegung, Verbiegung und Neuordnung der Teile einer einfachen Form systematisch geordnetes Denken (...) sinnlich wahrnehmbar machen."* Sein „Zueinander" gehört seit 2003 zum Außenbereich des Kunstareals.

Zwischen dem Klenze-Portal der Alten Pinakothek an der Barerstraße und dem Türkentor, auf dem großen Rasenplatz vor der Pinakothek der Moderne, steht die kraftvolle riesengroße Skulptur des baskischen Bildhauers **Eduardo Chillida**: „Buscando la Luz" – „Das Licht suchend" (1997). Große rostige Eisenstelen treten miteinander in einen Dialog. Dem Besucher sei empfohlen, in die Mitte der raumgreifenden Dreiergruppe einzutreten und in den Himmel zu schauen, um so zu einem Teil der Installation zu werden. Chillida gehört zu den bedeutendsten Bildhauern des 20. Jahrhunderts. Seine Skulptur wurde 2002 anlässlich der Eröffnung der Pinakothek der Moderne im Kunstareal aufgestellt.

Der Kunstspaziergang geht langsam zu Ende, letzte Station ist das Türkentor. Es ist ein Portal der 1826 errichteten „Türkenkaserne", dem einzig verbliebenen Gebäudefragment der Kaserne des Königlich Bayerischen Infanterie-Leibregiments, das sich an der Türkenstraße befand. Der nahezu quadratische Torbau wurde von 2008 bis 2010 renoviert. Heute ist hier die „Large Red Sphere" (2010), eine 25 Tonnen schwere Kugel aus rotem Granit, des Amerikaners **Walter de Maria** ausgestellt.

Die Idee, diese Kugel in einem denkmalgeschützten historischen Raum zu präsentieren, folgt dem künstlerischen Konzept de Marias: „One Room – One Work". 2006 wurde die Kugel von der Stiftung Brandhorst erworben, seit 2010 ist sie im Türkentor zu besichtigen. Steht man mit dem Rücken zum Türkentor, bietet sich ein

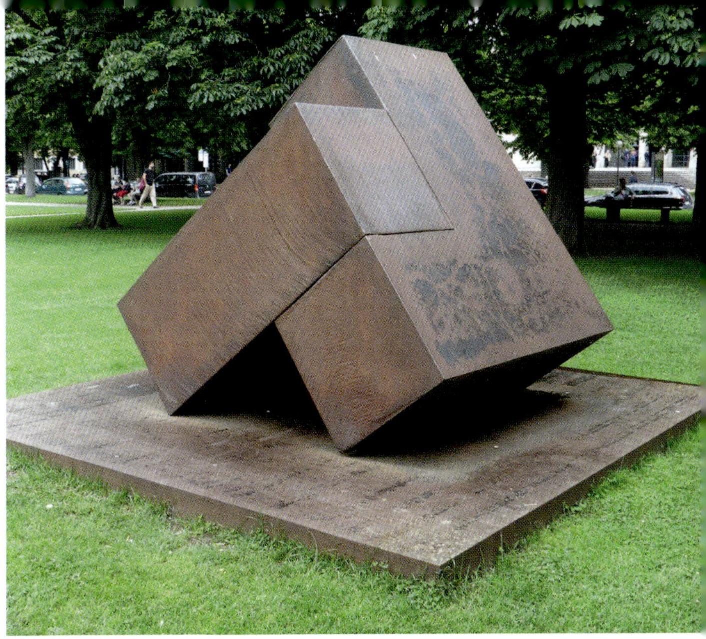

Klar: „Zueinander" (1996) von Alf Lechner.

großartiger Anblick über eine baumbestandene Rasenfläche: rechts sieht man noch einen Teil des bunten Brandhorst-Museums, dann folgt ein Gebäude der LMU mit dem Museum Reich der Kristalle, links der glatte Beton der Pinakothek der Moderne. In der Hauptachse dann der Königsblick zum Klenze-Portal, davor die drei Stelen von Eduardo Chillida.

Ginge man jetzt geradeaus, würde sich das Kunstareal auf umgekehrtem Weg, mit neuen Ein- und Durchblicken, vom Türkentor bis zu den Propyläen, auf eine zweite Weise erschließen.

Einfach rund: „Large Red Sphere" (2010) von Walter de Maria.

Großartig: der Königsblick vom Türkentor zur Alten Pinakothek.

GROSSARTIGE ARCHITEKTUR FÜR KUNST, KULTUR UND WISSENSCHAFT

WAS IST DAS KUNSTAREAL?

Inmitten von München liegt das Kunstareal: ein viel besuchter Museumsstandort, ein hochkonzentrierter Brennpunkt von Kunst und Kultur, ein stadträumliches Zusammenspiel von historischer und zeitgenössischer Architektur. Eingegrenzt wird das Kunstareal durch die Augustenstraße im Osten, die Türkenstraße im Westen, die Heßstraße im Norden und die Karlstraße im Süden.

Auf einer Fläche von 500 x 500 Metern bündeln sich rund um den Königsplatz und die Pinakotheken 16 Museen und Ausstellungshäuser, 12 Kulturinstitutionen, 6 Hochschulen sowie mehr als 40 Galerien. 5000 Jahre Kulturgeschichte sind hier auf einem Areal versammelt. Das sind Artefakte und Kunstwerke, bauliche, künstlerische und wissenschaftliche Zeugnisse vergangener Epochen,

Die Glyptothek, die Hochschule für Musik und Theater München und das NS-Dokumentationszentrum bei strahlendem Herbstwetter!

das sind historische Räume und Bauten, aber auch Geschichten und Geschehnisse, die sich mit dem Areal verbinden.

Das rechtwinklige Raster der Planstadt Maxvorstadt bietet einen idealen äußeren Rahmen für ein Kunstviertel. Durchbrochen wird das starre Straßensystem durch den Königsplatz und den Karolinenplatz, mit der diagonal davon abgehenden Max-Joseph-Straße. Man kann hier wunderbar durch die Architekturgeschichte spazieren und dabei auch zeitgenössische Kunst bewundern, ohne auch nur einen Cent Eintritt zu bezahlen. Altehrwürdige Klenze-Bauten wie Glyptothek oder Alte Pinakothek treffen auf die modernen Keramikfassaden des Museum Brandhorst oder auf gläserne Strukturen wie die Fassade der Hochschule für Fernsehen und Film. Symmetrische Kompositionen – bis zum Ende des 19. Jahrhunderts ein Muss – werden mit neuzeitlichen Asymmetrien und aktuellen Inhalten konfrontiert, so beim NS-Dokumentationszentrum oder beim Lenbachhaus. Historische Brüche und monumentale Ergänzungen wie die NS-Bauten am Königsplatz gehören zum Gesamtbild.

Zugänge

Zum Areal gibt es verschiedene Zugänge: ideale, gute und weniger überzeugende. Sehr gut erschließt es sich von Westen, vom U-Bahnhof Königsplatz aus. Sofort ist man am Lenbachhaus und bei Glyptothek und Antikensammlungen. Schön ist es auch, aus südlicher Richtung, vom Alten Botanischen Garten, in der Arcisstraße, der Hauptachse des Areals, zwischen Königsplatz und Pinakotheken anzukommen. Von Norden erreicht man das Areal über die Türkenstraße oder die Barer Straße, in der viele Lokale zur Stärkung vor dem Kunstgenuss einladen. Nicht ganz so gut ist momentan der Zugang aus der Richtung Odeonsplatz/Ludwigstraße. Die geplante Passage vom Stadtzentrum zum Kunstareal – sie wird durch das Erdgeschoss der neuen Siemens-Zentrale am Wittelsbacherplatz führen – sollte eine deutliche Verbesserung bringen. Vom Verein Brienner Quartier ist dazu eine Fußgängerbrücke über den Oskar-von-Miller-Ring im Gespräch. Städtebaulich interessant ist der Zugang über die Brienner Straße und den Karolinenplatz. Mag man weder zu Fuß gehen noch sein Auto bewegen, bleiben das Fahrrad und natürlich der Bus, die Museenlinie 100, um direkt im Areal zu landen.

Lebendiges Areal

Das Kunstareal ist aber kein Ort der reinen Forschung und Kontemplation, kein hermetisch abgeschlossener Bereich für Eingeweihte, keine Insel. Es ist innerstädtisches Leben, im Hier und Jetzt, mit vielen Besuchern, Touristen aus aller Welt, mit Autoverkehr, Lärm und Straßenreinigung, mit Hundeauslauf und Qi Gong vor den Pinakotheken. Hier arbeiten die Studierenden der angrenzenden Hochschulen, hier finden Ausstellungseröffnungen, Fußballspiele auf den Grünflächen und seit 2013 alle zwei Jahre auch das „Kunstareal-Fest" statt.

Unabdingbar für das Erlebnis Kunstareal sind die alljährliche „Lange Nacht der Museen" sowie die seit 2011 alle zwei Jahre stattfindende „Lange Nacht der Architektur". Synergien der einzelnen Einrichtungen untereinander sind Programm: Naturwissenschaft trifft Kunst, zum Beispiel bei Sonderausstellungen im Reich der Kristalle oder im Geologischen Museum.

Musik trifft Museum

Es ist ein großer Glücksfall, dass auch die Musik das Kunstareal belebt. Für die breite Öffentlichkeit wird das besonders deutlich beim „Tag der offenen Tür" der Hochschule für Musik und Theater, bei Konzerten im Rahmen des Kunstareal-Festes und bei der alljährlichen „Lange(n) Nacht der Musik". Während des Semesters finden an den zwei Standorten

Das Münchner Kammerorchester (MKO) in der Rotunde der Pinakothek der Moderne – einmal ohne Orchester – mit dem Dirigenten Alexander Liebreich.

der Musikhochschule – Arcisstraße und Luisenstraße – in der Regel drei Konzerte pro Tag statt. Konzerte gibt es auch in den Museen, wie bei der Reihe „Nachtmusik der Moderne" in der Rotunde der Pinakothek der Moderne. Vor den spätabendlich beginnenden Konzerten wird deren Besuchern eine Nachtführung zu Werken zeitgenössischer Künstler angeboten. Seit 2002 gibt es die Reihe „MIK – Musik im Kunstareal", eine Zusammenarbeit zwischen der Hochschule für Musik und Theater München und den Bayerischen Staatsgemäldesammlungen. Dazu kommen die sommerlichen Open Air Konzerte auf dem Königsplatz oder die Clubevents von „MIXED MUNICH ARTS" in den Katakomben des ehemaligen Heizkraftwerks. Außerdem gibt es die vielfältigen musikalischen Angebote in den Kirchen St. Bonifaz und St. Markus.

Verschiedene Ebenen

Das Münchner Kunstareal funktioniert also auf mehreren, ganz unterschiedlichen Ebenen und erlaubt so dem Besucher verschiedene Zugangscodes. Es ist sowohl aktueller Kulturort und historischer Ort, als auch eine Museumslandschaft im Stadtgrün, umgeben von Skulpturen. Es ist ein lebendiger Innenstadtbereich und gleichzeitig, wie es auf der Website des Kunstareals heißt, *„Teil des kollektiven Gedächtnisses der Stadt München"* und *„innovativer Ort der Wissensgesellschaft"*. Ein Ort des Lernens und Studierens oder einfach auch ein Ort, um sich mit Freunden auf der Dachterrasse des „Café Vorhoelzer" oder im „Ella" am Lenbachhaus zu treffen.

Der Weg zur Marke

Auch wenn man bei Wikipedia einen Eintrag zum Kunstareal findet, darf man als Tourist in München nicht immer eine schlüssige Antwort erwarten, wo es sich befindet bzw. was genau darunter zu verstehen ist. Fragte man hingegen nach den Pinakotheken oder nach dem Königsplatz, wäre das anders. Das Kunstareal ist auf dem Weg, sich als Marke zu etablieren. In der jüngsten Zeit geht es hier mit großen Schritten voran: „Konzept statt Konfusion", titelt Stefan Mühleisen in der Süddeutschen Zeitung (6.1.2016) und verweist, *„damit das Label endlich Fahrt aufnimmt"*, mit seinem Artikel auf den Aktionsplan von Stadt und Freistaat.

Das Kunstareal München ist eine der weltweit größten räumlichen Konzentrationen der drei wesentlichen Komponenten: Kunst – Kultur – Wissen. Bisher ist der Andrang sicher noch nicht vergleichbar mit den Museumsquartieren in Wien, Berlin oder Paris. Aber das wird sich ändern, und sowohl die Stadt als auch die Museen werden darauf vorbereitet sein, oder wie es die „Projektgruppe Kunstareal München" bereits im Juli 2010 formulierte: *„Das Kunstareal steht für Öffnung. Öffnung der Schatzkammern bildender Kunst, Öffnung in die Stadt hinein, Öffnung gegenüber den Menschen, Öffnung zwischen den Häusern. Wie München und Bayern baut das Kunstareal auf Tradition,* *auf die Tradition der großen Sammlungen und öffnet sich gegenüber der Zukunft. Es etabliert sich durch seine Sammlungen als Feld der Ideen und des kulturellen Austausches.".*

ZUR GESCHICHTE DES KUNSTAREALS

Die ersten Sammlungen

Am Anfang der Sammlertätigkeit der Wittelsbacher steht Herzog Wilhelm IV. von Bayern mit seiner Gemahlin Maria Jacobea von Baden und deren gemeinsamem Sohn, Albrecht V. Alle drei sind leidenschaftliche Freunde der Kunst und tragen diese in einer Zeit zusammen, in der das Anlegen einer Sammlung noch als mahnendes Beispiel für Gier und Eitelkeit gilt. Herzog Albrecht V. beginnt bereits im 16. Jahrhundert damit, München zu einer Stadt der Künste zu entwickeln.

19. Jahrhundert

Als Kronprinz Ludwig I. 1804/05 im Rahmen einer Italienreise mit dem Aufbau einer eigenen Antikensammlung beginnt, kann er schon auf stattliche Bestände an Skulpturen, Malereien und Kunstgegenständen blicken, die ihm unter anderem die erwähnten bayerischen Herzöge sowie die bayerischen Kurfürsten Maximilian I. und Maximilian II. hinterließen. Dazu kam noch das Erbe des so wenig geliebten Kurfürsten Karl Theodor

von der Pfalz. Im Rahmen der Säkularisation gelangte 1803 zudem die stattliche Anzahl von 1.500 Gemälden nach München. Ein Museumsneubau zur Aufnahme der ständig wachsenden Gemäldesammlungen der Wittelsbacher tut not, denn im selben Jahr muss auch die Düsseldorfer Galerie Johann Wilhelms von der Pfalz hier Platz finden.

Maxvorstadt

Und genau in diese Zeit, in das Jahr 1807, fällt der städtebauliche Wettbewerb für die Maxvorstadt. Aus den Entwürfen von Carl von Fischer und Friedrich Ludwig von Sckell gehen das Rechteckraster der Maxvorstadt und die Idee des Karolinenplatzes als Strahlenplatz hervor. Zwei Jahre später beginnt König Maximilian I. Joseph mit Planungen für den Königsplatz; er wünscht damals die Umbauung des Platzes mit Militärgebäuden und die Erschaffung eines Militärviertels.

Der Karolinenplatz um 1900.

Ungefähr zeitgleich mit den Planungen zur Maxvorstadt beginnt Kronprinz Ludwig I. mit dem Aufbau einer Sammlung zeitgenössischer Kunstwerke, die seine Antikensammlung ergänzen soll. 1812 kauft er das Grundstück nördlich des Königsplatzes, auf dem später die Glyptothek stehen wird, und er erwirbt die Ägineten – antike Giebelskulpturen des Aphaia-Tempels von Ägina –, die bis heute das zentrale Kunstwerk des Hauses darstellen. Bereits 1813 werden die Planungen von König Max I. Joseph für ein Militärviertel am Königsplatz aufgegeben. Stattdessen wird ein Wettbewerb der „Königlich-baierischen Akademie der bildenden Künste" mit dem Ziel ausgeschrieben, Entwürfe für ein „Invalidenhaus für bayerische Teilnehmer an den Napoleonischen Kriegen", für die „Walhalla" sowie für ein „Gebäude zur Aufstellung von Werken der Bildhauerkunst" – der späteren Glyptothek – zu erhalten.

Am südlichen Ende der Maxvorstadt entsteht bis 1812 auf Geheiß des Königs Max I. Joseph der Alte Botanische Garten; Planer ist Friedrich Ludwig von Sckell. Unter der Herrschaft des Königs erfolgt 1816 der Ankauf eines Grundstücks – heute umgeben von Barer-, Theresien-, Türken- und Gabelsbergerstraße – für den Bau einer Kaserne, der späteren „Türkenkaserne". Erst 1824 ziehen hier die ersten Soldaten, sein Leibregiment, ein.

Zwei Jahre später, 1826, erfolgt die Grundsteinlegung für die Alte Pinakothek. Ihr Bau, der zehn Jahre dauern wird, ist ein weiterer Schritt zum Ausbau eines Viertels, in dem sich Kunst und Kultur zentrieren sollen. Auch wenn es damals noch in der Vorstadt, am westlichen Stadtrand Münchens liegt, so muss man es doch auf dem Weg von der Residenz nach Schloss Nymphenburg durchqueren. Zwangsläufig kommen also diejenigen, die bei Hofe zu Gast sind, und natürlich das Herrscherhaus selbst, regelmäßig in den Genuss des Anblicks der prächtigen Bauten.

„Mein verrückter Sohn will wieder Geld ausgeben, dessen bin ich sicher, um alten Plunder zu kaufen, und er hofft, dadurch Griechen und Römer aus dieser Rasse von Biertrinkern zu machen, die er eines Tages regieren wird, ich wette, daß dieser Klenze gleichermaßen dazu beiträgt, ihn anzustiften und diese Torheiten auszuführen."

König Max I. Joseph über seinen Sohn Kronprinz Ludwig (ab 1825 König Ludwig I. von Bayern)

Kolorierte Farbzeichnung der Glyptothek um 1850.

Glyptothek

Die Eröffnung der Glyptothek (1830) kann heute als der eigentliche Beginn des Kunstareals München gesehen werden. Der heutige Anspruch, ein Kunstareal zu schaffen, wäre ohne die Vorstellung des ausgehenden 18. Jahrhunderts, (antike) Kunst dem Bürgertum zu präsentieren, nicht denkbar! Stätten der Kunst, finanziert von Herrschern und zugänglich für die breite Öffentlichkeit, liegen damals – mit heutigen Worten formuliert – im Trend. Ludwig I. gehört zu den Herrschern, die sich diesem Ideal der Volksbildung verpflichtet fühlen und Kunstschätze der Öffentlichkeit zugänglich zu machen. Unter seiner Herrschaft ist von besagtem Militärviertel keine Rede mehr. Er stoppt nach dem Tod seines Vaters im Jahr 1825, nun als König von Bayern, die Erweiterung der „Türkenkaserne", um Abstand zur bereits im Bau befindlichen Alten Pinakothek zu halten.

Leo von Klenze beschreibt in seinen Memorabilien Klenzeana I/1 (1816-1825) seine Begegnung mit Kronprinz Ludwig. Er trifft diesen *„zufällig, als er* (Ludwig I.) *vom Reisewagen aus grade die Glyptothek gesehen hatte"*. Der Kronprinz winkte zu Klenze in Richtung Glyptothek und rief dazu *„»Trefflich! Herrlich, mein Klenze!«* und begleitete diesen wiederholten Ausruf mit den freundlichsten Grüßen, solange er mich noch sehen konnte!".

Alte Pinakothek

Die Alte Pinakothek wird 1836 für das Publikum geöffnet, ein wichtiger Baustein in einem sensiblen baulichen und städtebaulichen Ensemble. Leo von Klenze schreibt dazu an anderer Stelle seiner Memorabilien: *„Als die Pinakothek vollendet wurde, meldeten sich mehrere Eigenthümer der sie umgebenden Plätze mit Baugesuchen. Allein, alle dazu vorgelegten Projecte waren von der gemeinsten und häßlichsten Art und mußten zurückgewiesen werden. Um nun diesen die Umgebung jenes Gebäudes gefährdenden Bauprojekten eine Gränze zu setzen, erhielt ich von dem Könige Auftrag, einen Bauplan für die ganze Umgebung auszuarbeiten. Dieser wurde von S. M. genehmiget..."* – und war damit so eine Art Gesetzesvorgabe.

Königsplatz und Neue Pinakothek

Gegenüber der Glyptothek eröffnet 1848 das „Kunst- und Industrie-Ausstellungsgebäude" von Georg Friedrich Ziebland, die heutigen Antikensammlungen. Der Königsplatz ist damit symmetrisch gerahmt. Mit Vollendung der Propyläen 1862 – Klenze hatte sie bereits 1816 geplant – ist er perfekt.

Die Alte Pinakothek um 1900 – im Hintergrund rechts die Neue Pinakothek.

Klenzes Apostelkirche, die für den Königsplatz vorgesehen war, wird jetzt zum Vorbild für die Klosterkirche von St. Bonifaz, die von Ziebland ausgeführt und 1850 geweiht wird. Drei Jahre später folgt die Eröffnung der Neuen Pinakothek, direkt gegenüber der Alten Pinakothek; Planer sind Friedrich von Gärtner und August von Voit.

1868 entsteht die erste Wissenschaftsanstalt auf dem Areal: Die „Polytechnische Schule", die spätere Technische Universität München wird von König Ludwig II. gegründet. Mit der „Königlich Bayerischen Technischen Hochschule" (ab 1877) und St. Bonifaz werden weitere Impulse für Stätten lebhaften kulturellen, wissenschaftlichen und christlichen Lebens gesetzt. Auch viele Künstler, Komponisten und Literaten zieht das Viertel gegen Ende des 19. Jahrhunderts an, darunter Gabriel von Seidl, Richard Wagner und den Nobelpreisträger Paul Heyse. 1892 zeigt sich auf dem Balkon des Lenbachhauses Fürst Bismarck, dessen öffentliches Bild Lenbach mit vielen Porträts geprägt hatte, und nimmt, obwohl schon kein Reichskanzler mehr, die Ovationen der Münchner Bevölkerung entgegen. Um die Jahrhundertwende zeigt die „Münchner Secession" ihre Werke am Königsplatz, im „Ausstellungsbau" von Ziebland.

20. Jahrhundert

Das 20. Jahrhundert steht zunächst im Zeichen der Erweiterung der Technischen Universität München. Das Lenbachhaus geht in den Besitz der Stadt München über, die Städtische Galerie wird 1929 eingerichtet.

In den 1930er Jahren ist man von der Idee eines „Kunstareals" so weit entfernt wie niemals zuvor und niemals danach. Lion Feuchtwanger beschreibt die Entwicklung Münchens in jener Zeit in seinem 1930 erschienenen Roman „Erfolg" so: *„Früher hatte die schöne behagliche Stadt die besten Köpfe des Reichs angezogen. Wie kam es, dass die jetzt fort waren, dass an der Stelle alles, was faul und schlecht war im Reich und sich anderswo nicht halten konnte, magisch angezogen nach München flüchtete?"*. Ein großes, zentrales NSDAP-Viertel sollte jetzt im Osten des Königsplatzes entstehen. Vorboten sind die Bauten am Königsplatz, der „Führerbau" und der NSDAP-Verwaltungsbau. Der Königsplatz wird zum Aufmarschplatz. Schrittweise werden Gebäude, darunter viele bürgerliche Wohnhäuser, aufgekauft, umgebaut, abgerissen. Das „Braune Haus" zieht ins ehemalige Palais Barlow an der Brienner Stra-

Die Neue Pinakothek mit ihrem damaligen Fries um 1900.

ße ein; einige Meter weiter kommt die Gestapo-Zentrale ins vormalige Wittelsbacher-Palais. Im Zweiten Weltkrieg werden die beiden Pinakotheken und die Bauten am Königsplatz zu großen Teilen zerstört.

Ideelle Geburtsstunde

Was kann man nun im 20. Jahrhundert als die (zweite) ideelle Geburtsstunde des Kunstviertels, also des späteren Kunstareals, ansehen? Die Idee, auch in der Nachkriegszeit an die klassizistischen Planungen eines Kunstviertels anzuknüpfen und kein Regierungs- und Verwaltungsviertel zu errichten, geht wesentlich auf die Entscheidung der amerikanischen Militärverwaltung zurück, die nicht kriegszerstörten Bauten am Königsplatz schnell einer kulturellen Nutzung zuzuführen. Engagierte Münchner Bürger, darunter Hans Döllgast, fordern den Wiederaufbau der Alten Pinakothek, den er als Architekt schließlich selbst umsetzen kann.

Wiederaufbau und Neubau

Viele Institutsbauten der Technischen Universität waren ebenso zerstört; 1946 beginnt der Wiederaufbau ihres Hauptgebäudes unter dem Architekten Robert Vorhoelzer. Im selben Jahr wird auch der Lehrbetrieb wieder aufgenommen und neue Institute angesiedelt. Zwei Jahre später wird die kriegszerstörte Neue Pinakothek abgerissen, ein Schicksal, das der Alten Pinakothek erspart bleibt. Diese wird ab 1952 wieder aufgebaut und ist fünf Jahre später für die Öffentlichkeit wieder zugänglich.

Das Amerikahaus, seit 1948 im einstigen „Führerbau" zieht 1957 in einen Neubau am Karolinenplatz. In das frei gewordene Gebäude zieht die Hochschule für Musik und Theater München.

1967 findet die (Wieder-)Eröffnung der Staatlichen Antikensammlungen statt, 1972 die der Glyptothek. In den sechziger Jahren kommt auch die Diskussion um die Neue Pinakothek in Bewegung. 1981 kann das Museum schließlich eröffnet werden, der Architekt ist Alexander von Branca. Das zunächst wegen seiner postmodernen Formensprache umstrittene Bauwerk gilt heute vor allem aufgrund seiner virtuosen Wege- und Lichtführung als das Hauptwerk des Architekten.

Erinnerungskultur

Erste Initiativen für eine Stätte der Auseinandersetzung mit der Geschichte des Nationalsozialismus in München gab es bereits kurz nach 1945. In den 1980er Jahren beginnt ein Kreis aktiver Münchner Bürger, unter maßgeblicher Beteiligung des Architekturhistorikers Prof. Dr.-Ing. Winfried Nerdinger, sich verstärkt für die Einrichtung eines NS-Erinnerungsortes einzusetzen. 1988 wird ein staatlicher Wettbewerb zur Überbauung der Fundamente der „Ehrentempel" ausgeschrieben. Der Münchner Stadtrat regt den Bau eines „Hauses der Zeitgeschichte" an. Doch Kritik an der Entsorgung von NS-Architektur und damit von Sachzeugnissen der NS-Diktatur wird laut, die Planungen werden eingestellt. Bürgerinitiativen fordern einen offensiven Umgang mit „Täterorten" und eine ungeschönte Erinnerungskultur. In den 1990er Jahren intensiviert München den kritischen Umgang mit dem Nationalsozialismus und dessen Relikten.

Es beginnt auch ein erstes Nachdenken darüber, wie sich aus einem Ort, in dem ganz unterschiedliche historische, künstlerische, kirchliche, architektonische, städtebauliche, wissenschaftliche und musikalische Impulse aufeinandertreffen, eine Einheit entwickeln könnte – in der Vielfalt, in einem Zusammenspiel von Kunst, Kultur und Wissen.

DAS PROJEKT

Pinakothek der Moderne

Die baulichen Anfänge des Kunstareals gehen auf das 19. Jahrhundert zurück, deren Fortsetzung im 20./21. Jahrhundert bildet in erster Linie die Moderne – in Form der dritten Pinakothek. Der Architekturwettbewerb für den Bau der Pinakothek der Moderne findet 1992 unter dem Titel „Museumsbauten auf dem Gelände der ehemaligen Türkenkaserne" statt. Den 1. Preis gewinnt der Münchner Architekt Stephan Braunfels. Aus dem Bewusstsein heraus, *„dass bürgerschaftliches Engagement notwendig ist, um unserer Gesellschaft entscheidende Impulse für ihre Weiterentwicklung zu geben"* gründen 1994 kunstbegeisterte Münchnerinnen und Münchner die Stiftung Pinakothek der Moderne. Ziel ist es, 10% der Bausumme – also 20 Millionen DM – durch Spenden zusammenzutragen, um damit den Bau der Pinakothek der Moderne zu ermöglichen. Nach der Startfinanzierung übernimmt der Freistaat Bayern die weiteren Finanzierungskosten und löst die Grundstücksfrage: Die Pinakothek der Moderne kommt an den Platz, auf dem in den 1970er Jahren der Zirkus Roncalli gastierte. Sie wird im September 2002 eröffnet – ein großer Erfolg. Anders als von dem Architekten Braunfels ursprünglich vorgesehen, fehlt jedoch der zweite Bauabschnitt, eine L-förmige Blockrandbebauung entlang der Türken- und Gabelsbergerstraße. Sie sollte den dringend benötigten Raum für die Graphische Sammlung, für Wechselausstellungen und die Verwaltung bieten. Was also tun? Mit einer zeitnahen Realisierung und der Konzeption einer Dauerausstellung der Graphischen Sammlung ist vorerst nicht zu rechnen. Wieder ist die Stiftung Pinakothek der Moderne gefragt, die von jetzt an in einem noch größeren Rahmen denkt. Bis heute zählt zu den wesentlichen Aufgaben der Stiftung, dem Kunstareal München Gestalt und Kraft zu geben und daran zu arbeiten, dass die Pinakothek der Moderne eines nicht zu fernen Tages baulich vollendet wird.

Teil eines Ganzen

Bereits im Zuge der Entwicklung der vier selbstständigen Museen der Pinakothek der Moderne unter einem Dach wird klar, dass auch das neue große Haus Teil eines noch größeren Ensembles, eines Kunstareals, ist. Wenn es gelingt, die einzelnen Einrichtungen dauerhaft und wirkungsvoll in einen viel größeren Kontext einzubetten und zu vernetzen, dann eröffnen sich große Chancen und Synergien. *„Denken Sie groß!"*, könnte das Motto heißen, damit die Pinakothek der Moderne nicht auf Dauer eine „Unvollendete" bleiben muss.

Der Begriff „Kunstareal"

Bereits anlässlich der Kommunikation zur Eröffnung der Pinakothek der Moderne wird im Jahr 2002 die Münchner Markenagentur KMS TEAM mit der Namensentwicklung für die miteinander zu vernetzenden Bereiche beauftragt. In diesem Zusammenhang wird erstmals der Begriff „Kunstareal" geprägt. Mit der Formulierung eines „Areals" soll ein öffentliches Bewusstsein dafür geschaffen werden, dass die einzelnen Museen in einem weitaus größeren Zusammenhang stehen. Denn über ein „Miteinander" wird die *„internationale Wahrnehmung als innovativer Ort der Wissensgesellschaft und als außergewöhnliche touristische Destination möglich"*, so die Markenagentur.

KMS TEAM führt seine Überlegungen weiter aus: *„In deutlicher Absetzung von den sonst üblichen Bezeichnungen des Typs »Museumsviertel, -quartier, -ufer, -insel etc.« entwickelten wir einen Namen, der den Gegenstand (Kunst/Kultur) benennt und nicht die Hülle (Museum). Der Begriff »Areal« nimmt Bezug auf die von Ludwig I. bei der Planung der Pinakotheken vorgefundene städtebauliche Situation und weist auf den offenen Charakter des Verbundes hin."*.

Eine von der Stiftung Pinakothek der Moderne und dem Lehrstuhl für Städtebau und Regionalplanung der TU München im April 2009 veranstaltete Konferenz versammelt erstmals Museumsexperten sowie Entscheidungsträger der Politik von Stadt und Staat, Architekten und Soziologen an einem Tisch. Das Jahr 2009 steht also für den Beginn des staatlich-städtischen Gemeinschaftsprojekts „Kunstareal" – es soll in seiner Vielfalt wahrgenommen und als Gesamtheit gestärkt und vernetzt werden.

Projektgruppe Kunstareal

Wichtige Mitstreiter und Träger des kooperativen Prozesses bilden von jetzt an die „Projektgruppe Kunstareal": Vertretungen des Bayerischen Staatsministeriums für Wissenschaft, Forschung und Kunst, der Staatlichen Sammlungen, der Stiftung Pinakothek der Moderne, der Obersten Baubehörde, des Vorsitzenden des Bezirksausschusses (Maxvorstadt) und der städtischen Referate

Die Pinakothek der Moderne – von der Ecke Gabelsberger- und Türkenstraße aus gesehen.

(Referat für Stadtplanung und Bauordnung, Baureferat, Kulturreferat, Referat für Arbeit und Wirtschaft). Ergänzt wird die Arbeit der Projektgruppe durch regelmäßige Besprechungen und Diskussionen mit dem Bezirksausschuss (Maxvorstadt) sowie mit Bürgervertretern aus der Maxvorstadt. Auch der bürgerschaftliche Verein Münchner Forum e.V. bzw. dessen Arbeitskreis Maxvorstadt/Kunstareal bringt Vorschläge und Ideen zu stadträumlichen, sozialen und partizipatorischen Aspekten ein. Der Arbeitskreis lädt dazu ein, *„den Wert des Kunstareals für die Maxvorstadt und für die Stadtentwicklung Münchens neu zu entdecken und ihn mit den Bürgern, Kultureinrichtungen und Verbänden im Quartier weiterzuentwickeln"*.

Auch die Technische Universität München wird Bestandteil der Projektgruppe: Der Lehrstuhl für Städtebau und Regionalplanung moderiert ab Januar 2010 im Auftrag des Bayerischen Staatsministeriums für Wissenschaft, Forschung und Kunst und der Landeshauptstadt München in einem zweijährigen Prozess die Entwicklung des Kunstareals. Die Stiftung Pinakothek der Moderne begleitet als Initiatorin der genannten Konferenz zum Kunstareal München weiterhin das Projekt.

Zur programmatischen Diskussion tragen Partner unterschiedlichster Ebenen bei: Architekten, Stadtplaner, Politiker, Soziologen, Verwaltungsfachleute, Münchner Museumsexperten, aber auch Museumsdirektoren und Kuratoren aus aller Welt, zum Beispiel aus Chicago, London, Rotterdam oder auch von der Berliner Museumsinsel. Nicht nur die Aufmerksamkeit der lokalen Medien, sondern auch die der Fachpresse, wie der „Bauwelt", ist geweckt.

Analyse

In der Zeit von 2009 bis 2011 gibt der Lehrstuhl für Städtebau und Regionalplanung der TU München eine 11-teilige Reihe „Kunstareal München" heraus, die sich mit (nahezu) allen Aspekten der Entwicklung des Kunstareals befasst. Es wird diskutiert, dokumentiert, analysiert und die daraus folgenden Maßnahmen werden veröffentlicht, um sie in konkrete Planungsschritte einfließen zu lassen. Die erste öffentliche Veranstaltung im Rahmen des staatlich-städtischen Gemeinschaftsprojektes ist der im Jahr 2010 stattfindende Freiflächen-Workshop München / Public Green, den die Stiftung Pinakothek der Moderne trägt und finanziert. Der Workshop gibt wichtige Impulse für ein Weiterdenken und Realisieren der Idee eines definierten Kunstareals.

Ab dieser Zeit ist das systematische Fortschreiben und die dynamische Entwicklung des Kunstareal-Projektes deutlich erkennbar. Studierende des Lehrstuhls für Städtebau und Regionalplanung der TU München liefern mit ihren Diplomarbeiten 2010/11 Entwürfe und Ideen für die Namensgebung, städtebauliche Fassung und Entwicklung des Areals und seiner Bauwerke. Ihre Arbeiten tragen Namen wie „Wunderkammer München", „Der Kunsthain", „*Go for Pink" oder einfach „Patchwork". Im Jahr 2011 ist der Lehrstuhl mit dem Ideenwettbewerb „Kunstareal München / Grafisches Erscheinungsbild und Orientierungssystem" befasst;

es folgt die Ausstellung und Diskussion der Ergebnisse in der Pinakothek der Moderne.

Maßnahmen

Im selben Jahr untersucht und analysiert die TU München mit einer „Konzeptstudie zur weiteren räumlichen Entwicklung" das Kunstareal unter strukturellen, funktionalen und räumlichen Gesichtspunkten. Sogenannte „Talentsteckbriefe" zeigen „Begabungen", „Defizite", „Sofortmaßnahmen" und „Potenziale" einzelner Bauten und baulicher Ensembles auf und bilden die Grundlage für weitere Schritte. Es folgen die Vorschläge für bauliche Vorhaben und Entwicklungsziele mit einer Priorisierung in kurz-, mittel- und langfristige Maßnahmen. Die zweijährige Arbeit des Lehrstuhls für Städtebau und Regionalplanung schließt 2011 mit einem Maßnahmenplan und -katalog ab, der Punkte wie den gemeinsamen Webauftritt, die Planung von Kunstareal-Festen, die Idee einer „Museumscard" (einem gemeinsamen Ticket für alle Münchner Museen), Kommunikations- und Marketing-Strategien oder die Anforderungen an ein gemeinsames Erscheinungsbild beinhaltet.

Wichtiger Meilenstein für das Selbstverständnis des Kunstareals ist die gemeinsame Homepage, die es seit 2012 gibt: www.kunstareal.de.

Bauliche Entwicklungen

Unabhängig von den theoretischen Arbeiten des Lehrstuhls für Städtebau und Regionalplanung sowie seiner Partner entwickelt sich das Kunstareal vor Ort weiter. Es wird geplant, gebaut und eröffnet, zum Beispiel im Mai 2009 das Museum Brandhorst. Das Türkentor wird 2010 saniert und zum Ausstellungsraum umgebaut. 2012 erfolgt die Grundsteinlegung für das NS-Dokumentationszentrum; die Hochschule für Fernsehen und Film eröffnet gemeinsam mit dem Staatlichen Museum Ägyptischer Kunst ihre Räumlichkeiten.

Im Mai 2013 ist das Lenbachhaus nach Erweiterung und Sanierung wieder für Besucher geöffnet. Im Amerikahaus am Karolinenplatz findet im Juni eine Veranstaltung des Münchner Forums e.V. statt, bei der die Gäste zu bürgerschaftlicher Teilhabe und Engagement im Kunstareal mit folgenden Fragen angeregt werden sollen: *„Warum gehen Sie ins Kunstareal? Was muss passieren, damit Sie sich dort wohl fühlen? Was wünschen Sie sich von den Museen selbst? Wie sieht Ihre Vision für 2030 aus?"*.

Bürgerbeteiligung / Bürgergutachten

Im September 2013 erreicht das Projekt Kunstareal eine völlig neue Dimension der Bürgerbeteiligung: Über vier Tage findet das „Bürgergutachten zum Kunstareal München – Kunst / Kultur / Wissen" statt. Initiator und Auftraggeber sind Landeshauptstadt und Freistaat, organisiert und begleitet wird es von der unabhängigen „gfb Gesellschaft für Bürgergutachten". Die Erarbeitung selbst erfolgt von Bürgerinnen und Bürgern aus München und der Region. 100, per Zufallsgenerator der Einwohnermeldeämter, ausgewählte Teilnehmer – der jüngste ist 14, der älteste 80 Jahre alt – be-

schäftigen sich nun als Experten der Bürgerschaft mit ihren Wünschen, Empfehlungen und Plänen für ein Kunstareal München. Es ist das erste Bürgergutachten Münchens und damit für die Stadt ein bisher beispielloses Projekt. Es soll den Blick der Bürger auf das Kunstareal widerspiegeln, also derjenigen, die weder die institutionellen Belange des Areals verfolgen, noch Anwohner sind, sondern als Nutzer, Teilhaber oder neutrale Kritiker neue Impulse und Empfehlungen geben können. Der Dialog soll damit über die Ebene der Institutionen, Vereine und Förderkreise hinausgehen. Das Gutachten wird ein großer Erfolg: Die heterogene Gruppe findet zusammen und nimmt ihre Rolle an, die Protagonisten werden zu verantwortungsbewussten Stellvertretern für 1,4 Millionen Münchner. Ein nächster Maßnahmenkatalog entsteht. Er umfasst die vier großen Felder des Bürgergutachtens: Verkehr, Orientierung, Zusammenarbeit und Freiräume/Aufenthaltsqualität. Im Februar 2014 wird das Gutachten an die Landeshauptstadt München übergeben. Die Bürger wünschen sich darin vor allem *„schönere Frei- und Grünflächen, eine bessere Anbindung an die Umgebung, mehr Orientierung im Quartier, ein einziges Ticket für alle Museen"*, wie die Süddeutsche Zeitung vom 26.2.2014 zusammenfasst.

Großes Engagement für ein Kunstareal zeigen auch die Fördervereine und Freundeskreise der einzelnen Einrichtungen, die sich auf Initiative der Stif-

„Die Schaustelle gab es im Sommer 2013."

tung Pinakothek der Moderne 2010 zum „Förderkreis Kunstareal München" zusammenschließen.

Sichtbarwerden

2013 macht das Kunstareal im Rahmen eines Projektes anlässlich der vorübergehenden Schließung der Pinakothek der Moderne erstmals auch durch spektakuläre Aktionen im Stadtraum auf sich aufmerksam:

Von Februar bis September steht auf der Fläche zwischen Pinakothek der Moderne und Gabelsbergerstraße die temporäre „Schaustelle". Mit einer Art begehbarem Baugerüst des Berliner Büros J. Mayer H. Architekten, auf dem man in riesigen Schaukeln sitzen kann, lädt sie dazu ein, sich der Pinakothek der Moderne mal auf eine andere, spielerische Art zu nähern und eine neue Sicht auf München – und insbesondere auf die in Renovierung befindliche Dachkonstruktion des Gebäudes – zu gewinnen. Ähnlich spielerisch und bürgernah gestaltet sich das 1. Kunstareal-Fest im September 2013. Mit 50.000 Besuchern ist es ein großartiger Auftakt für eine neue Reihe Münchner Festlichkeiten, initiiert durch den Förderkreis Kunstareal.

Eine nächste spektakuläre Aktion findet im Sommer 2014 auf den Freiflächen des Kunstareals statt, die – da sind sich die Initiatoren einig – zunehmend bespielt werden sollen: die „Ballenernte" – ein Kunstprojekt von Michael Beutler. Bunte Ballen aus Plastikstrohhalmen liegen verstreut auf dein Wiesen vor Alter Pinakothek und Pinakothek der Moderne und laden inmitten der Stadt dazu ein, wie in ländlicher Atmosphäre im Schatten von Strohballen ein Buch zu lesen und sie als Rückenlehne oder auch als Fotomotiv zu nutzen.

Auch im Jahr 2015 prägen wichtige Ereignisse das Areal nachhaltig: Im April wird das NS-Dokumentationszentrum, geplant von Georg Scheel Wetzel Architekten, an der Brienner Straße eröffnet. Erstmals gibt es nun einen Lern- und Erinnerungsort zur Geschichte des Nationalsozialismus in München.

Im Mai 2015 finden das 2. Kunstareal-Fest und die Evaluierung des Bürgergutachtens zum Kunstareal statt. Ein Jahr nach der Übergabe des Gutachtens an die Landeshauptstadt werden die Bürgergutachter in einem Werkstattbericht über den Projektstand informiert. Erneut geht es um die vier Themenbereiche des Gutachtens: Verkehr, Orientierung, Zusammenarbeit und Freiflächen. Die neuen Museumsdirektoren kommen mit ihren Ideen zu Wort. Eine gute Kommunikation und Vernetzung der einzelnen Institutionen untereinander wird als entscheidender Faktor für die erfolgreiche Realisierung des Kunstareals formuliert. Und es geht um das „Kunstareal als Prozess", den der Vorsitzende des Förderkreises Kunstareal und zugleich Stiftungsratsmitglied der Stiftung Pinakothek der Moderne, Guido Redlich, wie folgt skizziert: *„Mit der Vernetzung und einem eigenständigen Programm wird das Kunstareal zu einer »Agora«, die zu Austausch und Dialog einlädt, Kunst, Kultur und Wissen erfahrbar und erlebbar werden lässt. Die Aufgabenfelder sind identifiziert: Orientierung, Programmatik, Kommunikation, Aufenthaltsqualität und Organisation."*.

RUND UM DEN KÖNIGSPLATZ

EIN ANTIKES FORUM IN MÜNCHEN

Der Königsplatz und die Propyläen

Am schönsten ist er am Sonntagvormittag: der Blick auf die Propyläen. Zu dieser Zeit sind nur wenige Autos unterwegs, auch der Verkehrslärm hält sich in Grenzen. Kommt man vom Stiglmaierplatz in Richtung Königsplatz, sieht man die Propyläen als klassizistisches Monument in den Straßenraum ragen. Ein Symbol für Großartigkeit und Glanz der Geschichte oder, wie es der Münchner Kunsthistoriker Norbert Lieb formulierte, *„Ein Torbau von erhabener Zwecklosigkeit."* Vorbild für die bayerische Variante des klassischen Stadttores sind die Propyläen der Athener Akropolis.

Rechts von den Propyläen das Lenbachhaus im Grünen.

Die Münchner Propyläen haben, neben der griechischen Antike, auch Anklänge an die massiven Pylonen ägyptischer Tempelfronten zu bieten. Ihr Giebelrelief thematisiert den griechischen Freiheitskampf der Jahre 1821–1829.

Der von den Propyläen und zwei Museen umgebene Königsplatz (ca. 35.000 qm) bietet der antiken Kunst von je her ein Forum, einmal durch die Exponate im Inneren der Bauten, aber auch durch die antikisierenden Fassaden. Sie rahmen einen Teil des Weges zwischen Münchner Residenz und Schloss Nymphenburg. Die Anlage des Königsplatzes wurde einst von Kronprinz Ludwig, dem späterem König Ludwig I. veranlasst, um dem Betrachter den Genuss antiker Ästhetik und idealer klassischer Proportionen zu ermöglichen – eine Idee, die heute angesichts der Verkehrsbelastung des Platzes manchmal schwer nachvollziehbar erscheint. Außer natürlich am Sonntagmorgen.

Gerade in Bayern war im 19. Jahrhundert die Verbindung nach Griechenland besonders eng durch den Sohn Ludwigs I., König Otto von Griechenland, in der Zeit von 1832–1862. Ludwig I. selbst war ein „Philhellene" und wollte München zum „Isar-Athen" werden lassen. Aus Liebe zum antiken Griechenland führte er den Buchstaben „y" in den Landesnamen seines Königreiches ein, aus Baiern wurde Bayern. Im Gegenzug wehte nun die blau-weiße Flagge der Wittelsbacher über Griechenland.

Die ersten Pläne für eine klassizistische Gestaltung des Königsplatzes hatten bereits **Friedrich Ludwig von Sckell** und **Carl von Fischer** vorgelegt. Die Architekten planten die Erweiterung der Brienner Straße zur Prachtstraße. Eine repräsentative Platzfolge sollte die östliche Stadterweiterung und den eher starren Rastergrundriss der Maxvorstadt aufwerten. König Maximilian I. hatte Carl von Fischer sehr favorisiert. Sein Sohn, Ludwig I. schenkte ihm weniger Beachtung, seine Architekten hießen **Leo von Klenze** und später **Friedrich von Gärtner**. Für den Königsplatz behielt Klenze die Grundkonzeption Carl von Fischers bei, das Vorbild war die Akropolis von Athen. An der Nordseite des Königsplatzes erbaute Klenze mit der Glyptothek eines der ersten öffentlichen Museen Deutschlands – genauer gesagt das zweite, nach dem Alten Museum in Berlin von **Karl Friedrich Schinkel**. Als Hofarchitekt verwirklichte damit ein bürgerliches Bildungsideal, nämlich den freien und öffentlichen Zugang des Bürgertums zur Kunst. Das Münchner Lebenswerk des Architekten Leo von Klenze beginnt und vollendet sich am Königsplatz, mit der Glyptothek von 1830 und der Fertigstellung der Propyläen 1862.

In der Architektur des Königsplatzes findet man griechisch-antike Elemente, wie die Propyläen selbst, aber auch Merkmale römischer Architektur, die sich in Monumentalität und Symmetrie

der Gesamtanlage äußern. Die Eingangsfassaden von Glyptothek und Antikensammlungen sind als Tempelfronten gestaltet und haben – eindeutiger Verweis auf die Athener Akropolis – jeweils acht Frontsäulen. Als große Verbeugung vor der Antike findet man alle drei klassischen Säulenordnungen vereint auf einem Platz: Die Propyläen stehen für die massive dorische Ordnung, die Architektur der Macht. Die Glyptothek, als Hort der Kunst, zieren zarte ionische Säulen. Das Gebäude, das heute die Antikensammlungen beherbergt wird von korinthischen Säulen geschmückt. Bei seiner Erbauung im Jahre 1848 diente es als „Kunst- und Industrie-Ausstellungsgebäude" zur Förderung von Kunst und Gewerbe. Architekt war **Georg Friedrich Ziebland**.

Der Königsplatz war ursprünglich als Rasenplatz mit einem Fahrweg für Kutschen gedacht. In der Zeit des Nationalsozialismus wurde das Konzept völlig verändert: der Platz wurde mit Granitplatten gepflastert, sämtliches Grün entfernt, öffentlicher Fahrverkehr war untersagt, die Brienner Straße verlor damit ihre Funktion als Verbindungsstraße. Die damals auch als „Königlicher Platz" bezeichnete Anlage sollte zu einem zentralen Aufmarschplatz der „Hauptstadt der Bewegung" werden, ein NS-Kunstkritiker bezeichnete ihn auch als „Acropolis Germaniae". Im Volksmund hieß er später aufgrund seiner Pflasterung, bei der nach jedem Regenguss das Wasser nur schwer ablaufen konnte, der „Plattensee". Für diese Umgestaltung war der Architekt **Paul Ludwig Troost** verantwortlich. Er

Die farbige Kassettendecke innerhalb der Propyläen.

wurde, bis zu seinem frühen Tod 1934, auch zum „Nachfolger Schinkels" stilisiert. Ein geschickter Schachzug, denn um sich der Unterstützung bildungsbürgerlicher Schichten zu versichern, übernahm die Architektur im Nationalsozialismus ganz programmatisch Elemente der klassizistischen Architektur. An das östliche Platzende, die Arcisstraße/Katharina-von-Bora-Straße, kamen neoklassizistische Zwillingsbauten: „Führerbau" und NSDAP-Verwaltungsbau. Für den Bau der zwei „Ehrentempel" an der Ostseite des Königsplatzes wurden zwei Wohnhäuser abgerissen, das von **Carl von Fischer** auf der Südseite und das des Malers **Julius Schnorr von Carolsfeld** gegenüber. Die „Ehrentempel", zum Gedenken an den „Marsch auf die Feldherrnhalle" vom 8. / 9. November 1923, gehörten zum ideologischen Programm.

Der Königsplatz wurde in den Dienst der Nationalsozialisten gestellt, auch mit Kundgebungen zum „Tag der Deutschen Kunst", wie sie 1937-1939 stattfanden und an denen Architekturmodelle geplanter Bauten wie bei einer Prozession über den Platz geschoben wurden. Derartige Manifestationen dienten dazu, der Bevölkerung den nationalsozialistischen „deutschen Kunstgeschmack" zu vermitteln, die systemtreue Kunst von der „entarteten" Kunst zu trennen. Ein sehr dunkles Kapitel deutscher Geschichte am klassischen Ort. Auch für eine der Bücherverbrennungen wurde der Platz missbraucht, am 10. Mai 1933.

Im Zweiten Weltkrieg wurde der Königsplatz stark zerstört, vor allem die Bauten des 19. Jahrhunderts. Die Frage nach dem Umgang mit den NS-Bauten stellte sich nun. Die amerikanische Militärverwaltung Münchens forderte die bewusste Entnazifizierung und Umwidmung von „Führerbau" und NSDAP-Verwaltungsbau, durch kulturelle Institutionen wie die Hochschule für Musik oder das Haus der Kulturinstitute. Die Ehrentempel wurden 1947 gesprengt, ihre beiden Sockel blieben stehen, bis heute. Die Granitpflasterung des Platzes wurde schließlich in den 1980er Jahren wieder entfernt und durch Rasenflächen ersetzt.

Die Gebäude von Glyptothek und Antikensammlungen mit ihren prachtvollen symmetrischen Fassaden, die etwas höher als das Straßenniveau liegen, lassen die Klenze´sche Planung bis heute ahnen und den Besucher noch immer die Proportionen der Antike, des einstigen „Isar-Athen" spüren und genießen. Denn, sieht man ein wenig vom Autoverkehr ab, strahlt der Platz bis heute eine große Einheitlichkeit und Vollkommenheit aus. Das kann man besonders gut beim Besuch eines der vielen Open-Air-Konzerte, die im Sommer hier stattfinden, genießen. Der Königsplatz ist ein großartiger Ort, ein großartiges Ensemble und nun Eingang für das Münchner Kunstareal geblieben oder besser: wieder geworden.

EIN „PANTHEON" DER BILDHAUERKUNST

Die Glyptothek

Die klassizistische Tempelansicht der Glyptothek mit ihren acht ionischen Säulen, die flachen Eingangsstufen, das umlaufende Dachgesims, die mit Rundbogennischen geschmückte, größtenteils fensterlose Fassade – der Besucher kennt sie. Schon die ersten Sonnenstrahlen im Frühling locken ein meist jugendliches Publikum, um auf den flachen Sockelstufen der Glyptothek

Die Glyptothek – mit ihren beliebten Sonnenplätzen.

zu sitzen, die schon an der Fassade gespeicherte Wärme zu genießen und den Blick über den Königsplatz schweifen zu lassen.

Mit dem Namen „Glyptothek" hat Kronprinz Ludwig I. ab 1816 das von ihm gewünschte Sammlungsgebäude für antike Kunst offiziell bezeichnet. Erfunden haben das Kunstwort wohl seine Bibliothekare. „Glyptothek" kommt vom griechischen Wort „glyptein", was so viel bedeutet wie „in Stein schneiden". Programmatisch dazu thront eine Figurengruppe im Giebelfeld, in dessen Zentrum die „Athena Ergane als Lehrmeisterin der Bildhauer" von **Johann Martin von Wagner** steht. Über die Giebelgruppe schrieb der Archäologe Adolf Furtwängler 1910 in seinem Katalog zur Glyptothek: *„Den hervorragendsten Schmuck aber gewährt dem Gebäude die Gruppe des Giebelfeldes".* Auch in den von Dreiecksgiebeln (Ädikulen) bekrönten Rundbogennischen an der Fassade stehen Figuren, die mit der Bildhauerkunst in Verbindung stehen. Zum Beispiel Hephaistos, der Gott des Feuers und der Schmiedekunst (1.v.l.) oder rechts daneben Phidias, einer der wichtigsten Bildhauer der Antike, der auch für den steinernen Figurenschmuck des Parthenon auf der Akropolis zuständig war. Die Fassade der Glyptothek besteht, wie auch diejenigen der Antikensammlungen und der Propyläen, aus hellem Untersberger Marmor.

Ludwig I. beginnt im Rahmen seiner Italienreise von 1804/05 mit dem Aufbau einer eigenen Antikensammlung. Bereits 1812 erwirbt er die Ägineten – zwei Figurengruppen von den Giebeln des Aphaia-Tempels in Ägina (um 500 v. Chr.). Da für die schnell wachsende Sammlung passende Räumlichkeiten fehlen, kauft der Kronprinz, ebenfalls 1812, das Grundstück nördlich des Königsplatzes, für den im selben Jahr ein neuer Bebauungsplan entsteht. Die ersten Ideen für die bauliche Umsetzung einer „Glyptothek" kommen unter anderem von **Carl von Fischer** und **Johann Haller von Hallerstein**. 1814 wird ein Architektenwettbewerb durch die Akademie der Künste ausgelobt. **Leo von Klenze** liefert dafür mehrere Entwürfe in unterschiedlichen historisierenden Stilen: griechisch, römisch, Renaissance. Der „griechische" Entwurf gefällt am besten, Klenze kann seinen ersten großen Bau in München verwirklichen. Inspiriert für die Vierflügelanlage auf quadratischem Grundriss mit zentralem Eingangsbauwerk (Portikus) wurde er durch den französischen Architekturtheoretiker Jean-Nicolas-Louis Durand und dessen Standardwerk: die „Architekturlektionen" (1805). Das ideale Museum hat bei Durand immer einen zentralen Bereich – bei Klenze ist es der Eingangsportikus. Außerdem gehören gekuppelte Rotunden à la Pantheon dazu, bei Klenze liegen diese an den Gebäudeecken der Hauptfassade, sind aber nur im Inneren erlebbar. In den Rotunden konnten sich Kunstwerke besonders wirkungsvoll entfalten, die Besucher innehalten und intensiv schauen. Die Glyptothek in München wurde am 13. Oktober 1830 eröffnet, anlässlich der Feierlichkeiten zum Namenstag der Königin Therese von Bayern. Die Vollendung des einst sehr aufwendigen Figurenschmuckes an der Fassade zog sich bis 1862 hin. Dargestellt sind, neben den mythischen und historischen Repräsentanten der Bildhauerkunst an der Platzseite, weitere Bildhauer, die zum Symbol für antiken Geist in ihrem Schaffen geworden waren, wie die Renaissancekünstler **Michelangelo** oder **Donatello** sowie Vertreter des Klassizismus.

Neu an dem Museum war nicht allein, dass es der Öffentlichkeit zugänglich und nicht allein königliche Privatsammlung war, neu war auch die chronologische Ordnung der Exponate, an Stelle einer bis dahin thematischen Aufstellung. Die Glyptothek umfasste bei ihrer Eröffnung Werke aus dem Alten Ägypten, dem antiken Griechenland und Rom sowie ausgewählte zeitgenössische Werke des Klassizismus. Die Säle trugen klangvolle Namen wie Niobidensaal, Göttersaal, Trojanischer Festsaal oder Heroensaal. Einen Höhepunkt stellten einst die Fresken von **Peter von Cornelius** mit dem Titel „Die Götter Griechenlands" dar. Sie fielen dem Zweiten Weltkrieg zum Opfer, wie auch der 1865 nachträglich im Innenhof errichtete Assyrische Saal und ein Teil der Skulpturen am Außenbau. Die Glyptothek wurde zu etwa 40 Prozent zerstört. Bereits bei Kriegsbeginn war zum Glück der größte Teil der Exponate in Sicherheit gebracht worden. Von 1945–1948 dienten ihre Räumlichkeiten – notdürftig gesichert – als Unterkunft für Gefangene. Der Wiederaufbau erfolgte von 1964–1971 durch **Josef Wiedemann**. Im Sinne einer purifizierenden Rekonstruktion verzichtete er komplett auf die Wiederherstellung der zerstörten Raumausstattung. Die beiden Rotunden werden zwar noch immer von Kuppeln überdacht, aber statt eines prächtigen Gewölbes blickt der Besucher auf eine gemauerte, unverputzte Kassettendecke. Der Kontrast zwischen nüchterner Ausstattung und edlem Exponat macht heute einen großen Teil des Reizes der Glyptothek aus.

Durch die Säulen des Portikus geht es in die Eingangshalle, über den Türen sind lateinische Inschriften angebracht, auf einer ist zu lesen: *„Ludwig I. König von Bayern hat dieses Museum gegründet und geweiht, um darin die Denkmäler antiker Skulpturen, die er überall gesammelt hatte, würdig auszustellen"*. Seit der Wiedereröffnung 1972 führt der ideale Rundgang durch das Museum im Uhrzeigersinn, durch das archaische, klassische und hellenistische Griechenland bis zur römischen Kunst. Etwas verändert aber ebenso klangvoll sind wieder die Namen für die Ausstellungsräume. Bezeichnungen wie „Saal der frühgriechischen Jünglinge" oder „Saal der Sphinx" – heute das Museumscafé – beflügeln die Phantasie der Besucher. Erster Höhepunkt des Rundgangs und eines der bedeutendsten Exponate ist der Barberinische Faun (um 220 v. Chr.), ein Satyr, der trunken in der Rotunde auf einem Felsen liegt und uns seinen künstlerisch vollendeten Körper präsentiert. Ludwig I. erwarb das griechische Werk 1813 aus römischem Besitz. Nächster Glanzpunkt sind natürlich die beiden den Ägineten – der Ost- und der Westgiebelgruppe des Tempels von Aphaia – gewidmeten Räume. Die wohl einzige erhaltene Portraitbüste von Alexander dem Großen, die zu seinen Lebzeiten entworfen wurde, befindet sich als römische Kopie (100–120 n.Chr.) des griechischen Werks (um 330 v. Chr.) im „Saal des Alexander". Und auch Kunst der Römer gibt es heute wieder zu bewundern, besonders eindrucksvoll im „Saal der römischen Bildwerke". Büsten bedeutender Persönlichkeiten wie die des Kaisers Nero (65 n. Chr.) oder des Kaisers Septimius Severus (um 200 n.Chr.) sind hier aufgestellt. Während des Museumsrundgangs bieten sich immer wieder Durchblicke in den reizvollen Innenhof. Von Ludwig I. einst als antiker Hain geplant, werden hier heute im Sommer bei Wein und Brot – passend zum klassischen Ambiente – griechische Tragödien und Komödien gespielt: Theater im Kunstareal.

Adresse: Königsplatz 3 ♿
Telefon: 089 / 28 61 00
Öffnungszeiten: Täglich außer Montag 10.00–17.00 Uhr, Donnerstag 10.00–20.00 Uhr,
U2, Bus 100 Königsplatz
Museumsshop und Gastronomie

www.antike-am-koenigsplatz.mwn.de

Nicht versäumen!

- *Der so genannte „Münchner Kouros" (Jüngling aus Attika, ca. 530–540 v. Chr.)*
- *Die Medusa Rondanini (440 v. Chr.)*
- *Die trunkene Alte (ca. 200 v. Chr.)*

ANTIKE FÜR IMMER
Die Antikensammlungen

Es scheint, als ob die Glyptothek gespiegelt worden wäre, denn an der Südseite des Königsplatzes präsentiert sich ein Bauwerk mit gleichartigem Fassadenaufbau: die Staatlichen Antikensammlungen. Wieder gibt es einen Tempelvorbau (Portikus), diesmal mit acht korinthischen Säulen, links und rechts davon eine fensterlose Fassade, gegliedert durch flache Pilaster. Doch beim genaueren Betrachten gibt es Unterschiede, so ist der rustizierte, also durch Sichtmauerwerk mit besonders breiten Fugen versehene Sockel deutlich höher als bei seinem Gegenüber. Das spätklassizistische Gebäude mit dem Glasdach überragt in seiner Höhe die Glyptothek. Auch die Eingangstreppe ist viel repräsentativer. Das Hinaufschreiten des Bürgers zu den Kunstwerken symbolisiert die Bedeutung der hohen, der schönen, ja der antiken Künste als erziehungspolitische Elemente. Freitreppen erinnern an Schlossbauten vergangener Zeiten, zu denen das Bürgertum nur begrenzt Zutritt hatte. Im Spätklassizismus ist der öffentliche Zugang zur Kunst – der in München mit der Glyptothek gegenüber begann – beinahe schon selbstverständlich geworden.

Das Grundstück, auf dem heute die Antikensammlungen stehen, hat eine geradezu abenteuerliche Planungsgeschichte hinter sich. Zunächst befand sich hier das Institut für griechische Waisenkinder, es wurde 1819 abgerissen. Der Bauplatz war im Gespräch für ein „Museum für Abgüsse von Thorwalds Werken", für ein Armeedenkmal (Carl von Fischer, 1812), für die Planung einer Apostelkirche (Leo von Klenze, 1816–1829) und sogar für eine Staatsbibliothek (Friedrich von Gärtner, 1827/28). Um 1830 – zeitgleich mit Fertigstellung der Glyptothek – fällt die Entscheidung, hier ein „Kunst- und Industrie-Ausstellungsgebäude" zu errichten. **Leo von Klenze** macht erste Entwürfe, der Bau wird von **Georg Friedrich Ziebland** auf Grundlage dieser von 1838-1845 ausgeführt. Zur gleichen Zeit entstehen direkt dahinter und baulich mit dem Ausstellungsgebäude verbunden, Kloster und Basilika St. Bonifaz. Das Giebelfeld des Ausstellungsgebäudes erhält im Jahre 1844 die programmatische Darstellung von **Ludwig Schwanthaler**: die „Bavaria als Schützerin der Künstler unter Ludwig I.". In der Giebelmitte wird die Bavaria vom Feuervogel Phoenix,

dem Symbol der Wiedergeburt, überragt. Das klassizistische Forum der Kunst am Königsplatz ist nun fast vollendet – es fehlen nur noch die Propyläen – doch was nun folgt, ist eine kaum weniger abenteuerliche Geschichte von Umnutzungen des neuen Gebäudes. Zunächst wird es, seiner Bestimmung gemäß, über zwanzig Jahre für wechselnde Ausstellungen genutzt und danach, ab 1869 erst-

Das Portal der Antikensammlungen mit den korinthischen Säulen.

mals für einige Jahre als „Königliches Antiquarium" mit antiker Kleinkunst bestückt. Diese wurde ab 1872 wieder ausgelagert, in der Neuen Pinakothek und schließlich in der Alten Pinakothek gezeigt. Erneut folgen wechselnde Ausstellungen bis schließlich, von 1898–1916, die Münchner Secession in den Bau einziehen kann. Ein großer Glücksfall für die Künstler, die sich vom herkömmlichen Kunstbetrieb und der von Franz von Lenbach dominierten Münchner Künstlergenossenschaft losgelöst hatten, denn es war nicht leicht für sie, eigene Ausstellungsräume zu finden. Nach dem Ersten Weltkrieg, in den Jahren 1919–1939, beherbergt das Gebäude die Neue Staatsgalerie, mit Meistern des 19. Jahrhunderts. Nationalsozialistische An- oder Umbauten, die bereits in Planung waren, verhindert der Zweite Weltkrieg, dessen Folge jedoch die fast vollständige Zerstörung des Gebäudes ist – nur Treppe und Portikus blieben erhalten.

Der Wiederaufbau als „Museum für die Antikensammlungen" erfolgt von 1959–1967 unter dem Architekten **Johannes Ludwig**. Seit 1969 haben die aus unterschiedlichen Sammlungen stammenden antiken Exponate eine gemeinsame Heimat gefunden. Nun mitten im Kunstareal!

Wie bei der Glyptothek so erreicht man auch in den Antikensammlungen die Ausstellung über Freitreppe und Säulenhalle, dann erschließen sich die Exponate auf insgesamt drei Ebenen. Im Erdgeschoss ist griechische Töpferkunst aus der Vor- und Frühgeschichte bis zum 2. Jh.

Ausstellungen aller Zeiten und aus vielen Ländern...

v. Chr. zu sehen. Im Obergeschoss gibt es wunderbare Beispiele etruskischer Töpferkunst, im Untergeschoss sind etruskischer und griechischer Goldschmuck, antikes Silber und Glas sowie Terrakotten und Bronzen ausgestellt. Die Sammlung griechischer Vasen in den Münchner Antikensammlungen ist nach der im British Museum und der im Louvre die bedeutendste der Welt. Die heute gezeigten Bestände sind von hoher Qualität und in einer Fülle zu sehen, die dem Vergleich mit Museen in Berlin, London, Paris oder New York standhalten kann. Sie gehen im Wesentlichen auf die Antikensammlungen der Wittelsbacher zurück. Besonders zu erwähnen sind dabei die Bestände der Kunstkammer Albrechts V., die ab 1868 mit den Sammlungen Ludwigs I. vereinigt wurden. Neben den großen antiken Bildwerken, die in der Glyptothek gezeigt wurden, sammelte Letzterer ebenso Kleinkunst wie Vasen, Schmuck, Kleinbronzen, Terrakotten oder antike Gebrauchsgegenstände. Der Kunstagent und Bildhauer **Johann Martin von Wagner** ersteigerte im Jahre 1831 für den König etruskische Ausgrabungsfunde in Vulci. Erwerbungen des 1905 gegründeten Bayerischen Vereins der Kunstfreunde und private Schenkungen erweitern schrittweise die Bestände: die Sammlung des Archäologen Paul Arndt (1908), das Vermächtnis des amerikanischen Bankiers James Loeb (1933) und die Sammlung des Diplomaten Hans von Schoen (1964). Den letzten bedeutenden Zuwachs erhielt die Sammlung von über 700 Gemmen und Ringsteinen des 1996 verstorbenen Sammlers Helmut Hansmann. Neben der Dauerausstellung gibt es im Haus immer wieder großartige Sonderausstellungen.

Nicht versäumen!

- *Schale des Dionysos (Hauptwerk des attisch-schwarzfigurigen Vasenmalers Exekias) um 535 v. Chr.*
- *Diatretglasbecher („Netzglasbecher") aus Köln, um 400 n. Chr., Geschenk an Ludwig I. als Dank für seine Unterstützung beim Aufbau des Kölner Doms.*
- *Diadem Loeb (Kopfschmuck, Halbinsel Krim) um 150 v. Chr.*

Adresse: Königsplatz 1
Telefon: 089 / 59 98 88 30
Öffnungszeiten: Täglich außer Montag 10.00–17.00 Uhr, Mittwoch 10.00–20.00 Uhr
U2, Bus 100 Königsplatz

www.antike-am-koenigsplatz.mwn.de

NEO-RENAISSANCE MIT LED-BELEUCHTUNG

Das Lenbachhaus

Am östlichen Ende des Kunstareals, direkt hinter den Propyläen, trifft man, wie so oft in München, auf ein Stück gebaute Toskana, auf das Lenbachhaus. Die Italiensehnsucht deutscher Künstler des 19. Jahrhunderts war gewaltig und auch die Architektur der ockergelben Villa des Malerfürsten **Franz von Lenbach** spielt mit den Formen der italienischen Renaissance. Sein Haus plante er 1885 mit den Worten: *„Ich gedenke mir einen Palast zu bauen, der das Dagewesene in den Schatten stellen wird; die machtvollen Zentren der europäischen großen Kunst sollen dort mit der Gegenwart verbunden sein"*. Der berühmte Architekt **Gabriel von Seidl** brachte von 1887–1891 gemeinsam mit Franz von Lenbach den „Palast" in die richtige Form. Sie wählten für das Künstlerhaus einen L-förmigen Grundriss, möglicherweise als Anspielung auf die Stadtvilla des **Peter Paul Rubens** in Antwerpen, die Lenbach 1877 besucht hatte. Von Anfang an gehörte zum Haus ein symmetrischer Neo-Renaissance-Garten, angelegt vom Münchner Gartenarchitekten **Max Kolb**, mit Brunnen und Terrakottatöpfen. Auch der Bauplatz stimmte, befanden sich doch in unmittelbarer Nachbarschaft nicht

Neubau und Altbau aus einem Guss!

nur Glyptothek und Antikensammlungen sondern auch die Villen prominenter Personen, wie zum Beispiel von Richard Wagner, Adolf Friedrich Graf von Schack und Paul Heyse.

Franz von Lenbach lebte bis zu seinem Tod im Jahre 1904 in seinem prunkvollen Haus am Königsplatz. Zwanzig Jahre später verkaufte seine Witwe Charlotte von Lenbach das Ensemble an die Stadt München, die Einrichtung der Städtischen Galerie im Lenbachhaus begann. 1929 baute der Architekt **Hans Grässel** einen zweigeschossigen Flügel an, von nun an rahmt eine Dreiflügelanlage den Garten. In diese Galerie kommen zunächst Werke von Münchner Malern des 19. Jahrhunderts und Lenbachs eigene Werke. Mit der Schenkung von **Gabriele Münter** aus dem Jahr 1957, bei der sie anlässlich ihres 80sten Geburtstags der Stadt ihre Sammlung von Werken des **Blauen Reiters**, einer für die Moderne international wegweisenden Künstlergruppe des deutschen Expressionismus, übergibt, erlangt die Bedeutung des Hauses eine neue Dimension. Das Lenbachhaus besitzt heute dank Münter die weltweit größte Sammlung zur Kunst des Blauen Reiters, darunter 90 Ölgemälde von **Wassily Kandinsky**. Auch die Schenkung Bernhard Koehlers jun. trägt 1965 mit einem wertvollen Bestand an Gemälden unter anderem von **Franz Marc** und **August Macke** an das Lenbachhaus dazu bei, außerdem wird 1971 das **Kubin-Archiv** des Hamburger Sammlers Kurt Otte erworben.

Die Sammlung des Hauses wächst weiter mit Kunst aus der Zeit nach den beiden Weltkriegen, u.a. mit Werken der **Neuen Sachlichkeit**. Das Lenbachhaus hat als Städtische Galerie den Auftrag Werke von Münchner Künstlerinnen und Künstlern zu sammeln.

Seit den 1970er Jahren hat das Museum in Ausstellungen wesentliche Tendenzen und Künstler des internationalen zeitgenössischen Kunstgeschehens vorgestellt und konnte diese zum Teil auch erwerben. Im Jahr 1980 erfolgt ein weiterer Meilenstein, **Joseph Beuys**' Installation „zeige deine Wunde" (1974/75) zieht vom Maximiliansforum ins Lenbachhaus. Der Ankauf ebnete den Weg für eine Neuorientierung der Ankaufspolitik, die es dem Lenbachhaus ermöglichte, nationale und internationale Kunst der Gegenwart für seine Sammlung zu erwerben Im Garten finden sich neben Werken des 19. Jahrhunderts, wie der „Herkulesknabe mit Keule" (1890) von **Ferdinand von Miller,** auch moderne Kunstwerke, u.a. „Großes Windspiel" (1960) von **Hans Wimmer** oder die Arbeit „Finnischer Granit, gespalten" (1987) von **Ulrich Rückriem**. 1991 schreibt der Künstler **Maurizio Nanucci** in Leuchtschrift an die Gartenfassade: „You can imagine the opposite". Zahlreiche Sonderausstellungen finden statt.

Die noch immer private Atmosphäre des Künstlerhauses und sein Garten machen den Reiz des Ensembles aus und blieben trotz zahlreicher Umbauten und der ständigen Erweiterung der Sammlung bis heute erhalten. „Make it more domestic", war der Rat des britischen Architekten **Sir Norman Foster**, den er für die Konzeption des Neubaus gab. Der intime, private Charakter der historischen Anlage war den Münchnern so sehr ans Herz gewachsen, dass es trotz aller Notwendigkeiten auch ein Wagnis war, Villa und Garten von 2009 bis 2013 einer Generalsanierung zu unterziehen, dabei den Zugang zu verlegen und die museale Präsentation neu zu strukturieren. Der Eingang in die Städtische Galerie im Lenbachhaus erfolgt heute nicht mehr durch den Garten, sondern über den Neubau im Süd-Westen, der der Diagonale vom Königsplatz folgend, die Besucherströme der Stadt auffängt.

Im Zwischengeschoss dieser U-Bahnstation befindet sich der zum Lenbachhaus gehörende Ausstellungsbau. In den Jahren 1992 bis 1994 realisierte das Münchner Architekturbüro **Kiessler und Partner** im Auftrag der Stadt München die geniale „unterirdische" Erweiterung des Lenbachbauses. Mit einer Fläche von über 1.500 Quadratmetern gibt es hier großzügigen Raum für Wechselausstellungen. Mit der heutigen Eingangskonzeption des Lenbachhauses ist die Verbindung zwischen beiden Bauten enger geworden, das verdeutlichen auch die zehn Stelen mit je vier gelben Neonröhren („Untitled", 1994) von dem amerikanischen (Licht-) Künstler **Dan Flavin** die die Besucher bereits optisch von einem Ort zum anderen leiten. Der Neubau von **Foster + Partners**, dessen Fassade durch vertikale Metallstäbe streng gegliedert ist, tritt in den Dialog zum historischen Ateliertrakt Lenbachs, der mit seiner Säulengliederung Anklänge an die Architektur des berühmten **Andrea Palladio** zeigt. Über die Architekturformen hinweg harmonieren beide Bauten in ihrer Farbgebung. Damit für den Besucher kein Zweifel aufkommt, wo er sich befindet, prangt der Name „Lenbachhaus" (2012) in kunstvollen Lettern auf dem Neubau, gestaltet vom Münchner Künstler **Thomas Demand**. Der hintere Teil des blauen Schriftzuges zeigt eine historisierende Antiquaschrift, eine Typographie aus

Von der U-Bahnstation geht man direkt in die Ausstellungen.

der Zeit der Museumsgründung 1929, der vordere Teil, eine Groteske, serifenlos, sachlich und LED-beleuchtet, führt in die Gegenwart - und den Besucher vielleicht zuerst in das Museumsrestaurant „ELLA". Dieser Name ist eng mit dem Haus verbunden, denn Ella nannte **Wassily Kandinsky** einst seine Lebensgefährtin **Gabriele Münter**. Und auch das Konzept des Restaurants passt mit seinem italienisch inspirierten Angebot zur italienisierten Architektur der alten Lenbachvilla.

In der großzügigen Eingangshalle des „neuen" Lenbachhauses wird man überrascht von Helligkeit und moderner Klarheit. Das stalaktitenartig von der Decke hängende „Wirbelwerk" (2012) des dänisch-isländischen Künstlers **Ólafur Elíasson** dominiert den Raum. Das Kunstobjekt projiziert mit beweglichem farbigem (Plexi-) Glas Lichtreflexe auf die weißen Wände. Die historischen Wohnräume Lenbachs, mit all ihrer düsteren Gemütlichkeit, all ihrem Prunk und Pomp liegen im Zentrum des Museums. Die Architekten realisierten ein „Haus-im-Haus-Konzept" bei dem die alte Villa von modernen Ergänzungsbauten umhüllt, nun selbst zum Exponat wird. Um in die Lenbach-Räume zu gelangen quert der Besucher die Mosaikfußböden im historischen Eingangsbereich. Von hier bietet sich eine wundervolle Aussicht in den, nach wie vor auch ohne Eintrittskarte zugänglichen Garten. Antikisierende Darstellungen des Münchner Bildhauers **Adolf von Hildebrand** zieren die Wände

dieses Foyers. Die historischen Wohnräume bieten neben zahlreichen Werken **Franz von Lenbachs**, darunter das bekannte Familienportrait mit seiner Frau Lolo und den Töchtern Marion und Gabriele (1903) sowie einiger Bilder des Reichskanzlers Otto von Bismarck, den Lenbach mehr als 80 Mal portraitiert hat, einen Einblick in gehobene und stark inszenierte Wohnkultur des ausgehenden 19. Jahrhunderts. Den Blick von dort durch ein eingebautes Fenster, zurück ins lichte moderne Foyer sollte man sich nicht entgehen lassen: ein großartiger architektonischer Kunstgriff, der alte und neue Architektur nicht nur an der Fassade sondern auch im Inneren des Hauses verbindet. Auch bei den Exponaten wird man im Übergangsbereich von den historischen zu den modernen Räumen immer

Das „Wirbelwerk" (2012) von Ólafur Elíasson im Foyer des Neubaus.

wieder mit zeitgenössischer Kunst konfrontiert, da gibt es Werke von **Erich Wurm** oder Lichtinstallationen im Treppenhaus wie „Rotweinrot" (2008/12) von **Dietmar Tanterl**.

Zurückgekehrt aus den ehrwürdigen Salons in die Moderne sollte der Besucher im Grässel-Anbau verweilen, um dort durch Lenbachs Sammlung seiner Künstlerkollegen aus dem 19. Jahrhundert zu wandeln, vielleicht noch einen Blick auf die Wolkenbilder eines **Johann Georg von Dillis** zu werfen oder auf den knallbunten „STRIP" (2012) von **Gerhard Richter**.

Letzterer könnte den Auftakt bilden zum Aufbruch in die Gegenwart. Die Sammlung der Kunst nach 1945 im 1. OG wird wie alle Sammlungsteile des Hauses alle zwei bis drei Jahr neu präsentiert. Ungewöhnlich und wohl auch die Neupräsentation überdauernd ist die seit 2015 gezeigte Installation „ Laden" von **Hans-Peter Feldmann**, ein komplett eingerichteter Souvenirladen. des international renommierten Künstlers. Ständig zu sehen sind auch die beiden großen Environments „zeige Deine Wunde" und „vor dem Aufbruch aus Lager I" von **Joseph Beuys**, ergänzt durch die Schenkungen von Lothar Schirmer wie dem „Hasengrab", der „Badewanne" und anderen wichtigen Exponaten des wegbereitenden Künstlers.

Die Werke des **Blauen Reiters** hängen im zweiten Obergeschoss. Es beginnt mit **Münchner Jugendstil** und der **Neuen Künstlervereinigung München**. Es folgen all die lieb und bekannt gewordenen Werke von Künstlern wie **Wassily Kandinsky, Franz Marc, August Macke, Gabriele Münter, Marianne von Werefkin, Heinrich Campendonk** und **Alexej Jawlensky**. Spätestens hier sind die Besucher dann wieder von der Atmosphäre ihres geliebten „alten" Lenbachhauses umfangen und überzeugt: Durch die Neukonzeption von Haus und Ausstellung ist auf dem Kunstareal genau die Verbindung der *„machtvollen Zentren der europäischen großen Kunst"* mit der Gegenwart gelungen, die sich Franz von Lenbach einst erträumte.

Nicht versäumen!

- *Rudolf Belling: „Kopf in Messing" (1925)*
- *Heinrich Campendonk: „Wald, Mädchen, Ziege" (1917)*
- *Wassily Kandinsky: „Impression III" (Konzert) (1911)*

Adresse: Luisenstraße 33 ♿
Telefon: 089 / 233 320 27
Öffnungszeiten: Täglich außer Montag
10.00-18.00 Uhr, U2 und Bus 100 Königsplatz
Museumsshop und Gastronomie „Ella"
www.lenbachhaus.de

EINE VEREINIGTE SAMMLUNG UND ZWEI EINGÄNGE

Die Sammlung für Paläontologie und Geologie

Am westlichsten Ende des Kunstareals, hinter dem Lenbachhaus, befindet sich ein Stück historisches München, das man so vielleicht nicht mehr erwartet: In der Richard-Wagner-Straße reihen sich pittoreske neogotische und Neo-Renaissancehäuser aneinander. Der Straßenzug und die Häuser mit den aufwendig geschmückten Giebeln waren einst auf das in der Brienner Straße gelegene und später im Krieg zerstörte Wohnhaus Richard Wagners bezogen. Der Architekt **Leonhard Romeis**, ein Vertreter des Historismus, plante von 1898-1904 die Bebauung, zu der auch die in der Richard-Wagner-Straße 10 ansässige „Abteilung Mädchen" der Kunstgewerbeschule München gehörte. Seit 1950 befindet sich hier das **Paläontologische Museum**. Die prächtige, mit Palladio-Anklängen gestaltete Fassade lässt zwar schon vermuten, dass es sich hier um ein ganz besonderes Haus handelt. Dinosaurierskelette oder wissenschaftlicher ausgedrückt „Großfossilien von verschiedenen Wirbeltieren" erwartet aber wohl nur der Eingeweihte. Man ist überrascht von urzeitlichen Objekten, die hier, im prächtigen Lichthof ihren Platz gefunden haben. Das Museum ist sozusagen das Schaufenster der Bayerischen Staatssammlung für Paläontologie und Geologie.

Hier im überdachten Innenhof kann man über drei Etagen die Entwicklungsgeschichte der Erde bestaunen, die anhand von Pflanzen- oder Tierfossilien eindrucksvoll dargestellt wird. Unter den Exponaten sieht man natürlich die Säugetiere der Eiszeit wie Säbelzahntiger, Höhlenbär oder Riesenhirsch und aus dem Tertiär den „Mühldorfer Urelefanten". Pflanzenfressende Urreptilien, Riesenflugsaurier, Fischsaurier und Pflasterzahnsaurier tummeln sich im Original oder als Abguss im Erdgeschoss. Den Urvogel *Archaeopteryx,* das Paradebeispiel für Evolution, findet man im zweiten Stock.

Das Domizil der Sammlung für Paläontologie und Geologie in der Richard-Wagner-Straße.

Der Eingang zum **Geologischen Museum** befindet sich in der Luisenstraße 37 und ist eher unscheinbar. Eine kleine Tafel verweist auf die Geologische Sammlung, inmitten von modernen Forschungsinstituten und Hörsälen der Geowissenschaftlichen Institute. Durchschreitet man die Tür des Institutsgebäudes, bietet sich aber gleich ein architektonisches Erlebnis in Form einer schwingenden 50er-Jahre-Treppe. Das Haus wurde ab 1950 als Sitz des Institutes für Geologie erbaut. Bis zum Zweiten Weltkrieg war das Institut in der Alten Akademie in der Neuhauser Straße 51 untergebracht. Der Neubau steht an Stelle der im Krieg zerstörten Königlichen Glasmalereianstalt von Ludwig I., errichtet von 1844-46 von **August Voit**. Die Geologische Sammlung befindet sich heute im Zentrum

Lichthof des Paläontologischen Museums mit dem berühmten Urelefanten von Mühldorf, der die exotische, subtropische Tierwelt Bayerns vor ca. 12 Millionen Jahren repräsentiert.

des Institutsgebäudes an der Luisenstraße, auf zwei Ebenen. Über eine kleine Zwischentür, mit gut sichtbaren Hinweistafeln, ist sie ausstellungstechnisch mit der Paläontologischen Sammlung verbunden.

Bereits Ende des 19. Jahrhunderts wurden beide Sammlungen durch den Geologen und Paläontologen Karl Alfred von Zittel vereinigt. Sie gehen zurück auf die Naturaliensammlung der „Churbaierischen Akademie", gegründet 1759. Erweitert wurden die Bestände durch Exponate des Mannheimer Naturalienkabinetts und der Universität München im Zuge ihrer Verlegung von Landshut nach München. Der Zweite Weltkrieg bedeutete für beide Sammlungsteile erhebliche Verluste. Seit dem Jahr 2000 gibt es die „Staatssammlung für Paläontologie und Geologie".

Die Schubladenschränke, in denen die Gesteine der geologischen Sammlung lagern, die Schautafeln, auf denen die Unterschiede zwischen Sedimentgesteinen, metamorphen Gesteinen und magmatischen Gesteinen erläutert werden, sie scheinen aus einer anderen Zeit kommen. Einer Zeit, ohne Smartphones und 3D-Bildern. Hier kann man die Steine aus den Schubladen holen, sie anfassen, hat sie nicht virtuell sondern ganz real vor sich. Auf die im besten Sinne altmodische Sammlung sollte man sich ruhig einlassen: manch einer fühlt sich vielleicht an seine Schul- oder Studienzeit erinnert. Junge Besucher freut es, Gesteine einmal richtig in die Hand nehmen zu können, ihr Gewicht, die Struktur ihrer Oberfläche zu ertasten, anstatt wie sonst, mit einem Bildschirm zu kommunizieren. Die vielen Schautafeln bieten Interessantes oder wo sonst erfährt man, dass der aus Salzburg, vom Untersberg stammende Untersberger Marmor im 19. Jahrhundert der beliebteste Baustoff für Prachtbauten in ganz Europa war? Und dass in München nicht nur die Propyläen, die Glyptothek, die Alte Pinakothek oder das „Kunst- und Industrie-Ausstellungsgebäude" am Königsplatz (heute Antikensammlungen) sondern auch zahlreiche Brunnen, Denkmäler und Kirchen damit errichtet wurden.

Nicht versäumen!

- *Jeden Monat gib es ein „Fossil des Monats" – mit kostenlosem Faltblatt.*
- *Jeden Mittwoch (außer an Feiertagen) führt um 15.00 Uhr ein Wissenschaftler des Hauses durch einen Ausstellungsbereich des Museums.*

Adresse: Richard-Wagner-Straße 10
Luisenstraße 37 ♿
Telefon: 089 / 21 80 66 30
Öffnungszeiten: Montag-Donnerstag 8.00-16.00 Uhr, Freitag 8.00-14.00 Uhr, Samstag, Sonn- und Feiertage geschlossen, jeden 1. Sonntag im Monat 10.00-16.00 Uhr geöffnet
U2 und Bus 100 Königsplatz

www.palmuc.de/bspg

MUSIK UND BILDENDE KUNST AN SCHWIERIGEN ORTEN

An der östlichen Seite des Königsplatzes stehen zwei neoklassizistische Monumentalbauten aus der NS-Zeit, vom Platz aus sind sie teilweise verborgen hinter einer nach dem Krieg vorgenommen Bepflanzung. 1933-1937 wurden sie im Auftrag der NSDAP nach Entwürfen des Architekten **Paul Ludwig Troost** durch das Atelier Troost errichtet. Die beiden Gebäude, der „Führerbau" nördlich der Brienner Straße und der südlich gelegene NSDAP-Verwaltungsbau, beherbergten wichtige Einrichtungen des geplanten NSDAP-Parteiviertels. Es manifestierte sich ab 1933 im Osten des Königsplatzes und mit dem Ankauf und Umbau bzw. Abriss von mehr als 50 Gebäuden. Im äußeren Erscheinungsbild gleichen sich die mit Kelheimer Kalkstein und Muschelkalk verkleideten Fassaden beider Bauten. Ihre Farbigkeit war an die klassizistischen Bauten des Königsplatzes angepasst. Die Grundrisse beider Bauwerke sind ähnlich: Im Zentrum des „Führerbaus" befand sich die „Große Halle", das Pendant dazu war die über zwei Etagen reichende Bibliothek im Verwaltungsbau. Hinter den Fassaden verbargen sich modern ausgestattete Betonbauten, mit Fußbodenheizung, Aufzügen, Fahrbühnen, um die Glasdächer zu reinigen, sowie Lautsprecheranlagen für Rundfunkbeschallung und Propagandaklänge im Haus und über den Platz. Unter beiden Gebäuden sind Luftschutzkeller angelegt, zwei unterirdische Gänge, unter anderem für die Heizungsrohre, verbinden sie miteinander und mit einem zentralen Heizkraftwerk (heute Katharina-von-Bora-Straße 8a).

Die Kriegszerstörungen hatten sich hier vergleichsweise in Grenzen gehalten: Im Luftschutzkeller des „Führerbaus" lagerte Raubkunst, im Verwaltungsbau befanden sich wichtige Dokumente, unter anderem die Kartei der etwa 11 Millionen NSDAP-Mitglieder. Nach dem Zweiten Weltkrieg beschlagnahmten die Amerikaner die Bauten. Bereits im Frühsommer 1945 fiel die Entscheidung, sie nicht abzureißen, sondern sie in veränderter Funktionalität, mit dem Fokus auf Kunst und Kultur, weiter zu nutzen. Beide Bauten stehen unter Denkmalschutz und sind heute Bestandteile des Kunstareals.

Hochschule für Musik und Theater München an der Arcisstraße 12.

Der „Nördliche Lichthof" im Hauptgebäude.

Die Hochschule für Musik und Theater München / Die Reaktorhalle

Steht man am östlichen Ende des Königsplatzes, und kehrt diesem den Rücken, dann sieht man links, an der Arcisstraße 12, die Hochschule für Musik und Theater München. Musik an schwierigem Ort, denn der „Führerbau" ist zur baulichen Hülle einer der größten Musikhochschulen Deutschlands geworden und gleichzeitig wichtiges Geschichtszeugnis. Er kann erzählen über NS-Architektur und deren Absurdität, über den Aufbruch nach 1945 und heutige Strategien des Umgangs mit schwierigem Erbe. Das Gebäude gehört zu den ersten im

Auftrag der NSDAP realisierten Repräsentationsbauten. In Betrieb genommen wurde der Bau 1937 anlässlich eines Mussolini-Besuchs.

Im Inneren erwartet den Besucher – der, falls er nicht zur Hochschule für Musik gehört, im Rahmen einer Veranstaltung oder Führung in das Gebäude kommt – noch immer Monumentalität und roter Saalburger Marmor. Der Architekt **Paul Ludwig Troost** war, bevor er für die NSDAP arbeitete, mit der Ausstattung von Luxusdampfern beschäftigt gewesen und hatte den so genannten „Dampferstil" geprägt. So erinnern die breiten Freitreppen inmitten der zwei großen Lichthöfe an Inneneinrichtungen großer Schiffe.

Nach dem Krieg war das Bauwerk noch soweit intakt, dass es ab 1945 zum Zusatzdepot des „Central Art Collecting Point" wurde. Zeitweise lagerte man hier auch Buch- und Archivbestände der Bayerischen Staatsbibliothek und des Bayerischen Hauptstaatsarchivs. 1948 wurde das Gebäude zum Domizil für das Amerikahaus („US-Information Center"), dieses zog 1957 in den Neu-

Der große Konzertsaal der Hochschule für Musik und Theater München in der Arcisstraße 12.

bau am Karolinenplatz um. Seit 1957 ist hier, an der Arcisstraße, das Hauptgebäude der Hochschule für Musik und Theater München, an der nach der Eingliederung des Richard-Strauss-Konservatoriums München im Jahr 2008 etwa 1.200 Studierende ausgebildet werden.

An die Stelle der „Großen Halle" im Zentrum des Hauses, kam der Große Konzertsaal der Musikhochschule, ein Lichtblick der 1950er-Jahre-Architektur im dunklen Haus. Auch im ehemaligen Arbeitszimmer Hitlers, in dem 1938 das Münchner Abkommen unterzeichnet wurde (Raum 105), erklingt jetzt Musik, gibt es Vorträge, kommen Menschen kultiviert zusammen. Das ganze Gebäude ist von vielstimmigen Klängen erfüllt: Es gibt noch den Kleinen Konzertsaal, die Opernschule und den Orgelsaal, Räume für die ca. 500 Konzerte der Hochschule allein an diesem einen ihrer vier Standorte in München.

Im Kunstareal befindet sich noch ein weiterer Standort dieser Hochschule, an der Luisenstraße 37a, im einstigen Gebäude des Instituts für Technische Physik der TU München. Ab 2008 entstanden hier zwei Veranstaltungssäle: die Reaktorhalle, von der Süddeutschen Zeitung als „Münchens spektakulärster Theaterraum" (20.12.2000) bezeichnet, und das Carl Orff Auditorium. Eine „Reaktorhalle" lässt Radioaktivität vermuten, tatsächlich wurde hier aber nie Atomenergie erzeugt, in den Laboren befand sich nur schwach radioaktives Material zu Forschungszwecken. Für einige Räume gab es jedoch bauliche Vorsichtsmaßnahmen und so sind, neben dem Namen „Reaktorhalle" auch dicke Betonwände geblieben, die noch heute an den Aufbruch in das „weiß-blaue Atomzeitalter", unter Leitung des Kernphysikers Prof. Heinz Maier-Leibniz, erinnern. Schon in den Vorentwürfen wurde der Reaktor als zu gefährlich aus den Plänen für die Innenstadt gestrichen. Er kam nach Garching, das „Garchinger Ei" wurde im 1957 in Betrieb genommen.

Das Institutsgebäude wurde 1957-1960 von den Architekten **Josef Wiedemann** und **Franz Hart**, als Teil des neuen Südgeländes der heutigen TU München ausgeführt. Beide Architekten sind auch durch andere Bauten mit dem Kunstareal verbunden: Wiedemann leitete den Wiederaufbau der Glyptothek, Franz Hart baute die TU-Mensa. Ihr Gebäude an der Luisenstraße orientiert sich stilistisch an Ludwig Mies van der Rohes Bauten für das Illinois Institute of Technology (IIT) – in München entsteht ein moderner, klarer Stahlbetonskelettbau, in klassischen Proportionen. Das Haus kommt sogar auf die Denkmalliste der Stadt München, als Zeugnis der 1950er Jahre Architektur. Nach dem Umzug der TU-Institute nach Garching wird es 1999 an die Musikhochschule übertragen. Musik kann nun auch von der anderen Seite des Königsplatzes ins Kunstareal erklingen.

Das Haus der Kulturinstitute

Südlich der Brienner Straße, hinter dem von Vegetation vollkommen überwucherten Sockel des rechten „Ehrentempels" steht heute das Haus der Kulturinstitute. Es beherbergt mehrere kulturelle Einrichtungen des Freistaates Bayern:

das **Museum für Abgüsse Klassischer Bildwerke**, das **Zentralinstitut für Kunstgeschichte**, die **Graphische Sammlung** sowie zwei Institute der Ludwig-Maximilians-Universität. Außerdem ist hier die **Direktion der Glyptothek und der Staatlichen Antikensammlungen** untergebracht.

Der 1937 in Betrieb genommene NSDAP-Verwaltungsbau ist das architektonische Pendant zum „Führerbau". Einer der Vorgängerbauten war das Palais Pringsheim (einst Arcisstraße 12, dann Nr. 10, heute Katharina-von-Bora-Straße), das Wohnhaus von Alfred und Hedwig Pringsheim, der Schwiegereltern von Thomas Mann, eine der wichtigsten künstlerischen und gesellschaftlichen Begegnungsstätten Münchens um die Jahrhundertwende.

1945 richtete die amerikanische Militärregierung hier eine Kunstsammelstelle ein, mit dem Ziel, die von den Nationalsozialisten in ganz Europa geraubten Kunstwerke an ihre rechtmäßigen Besitzer zurückzugeben. Der November 1946 war die Geburtsstunde des Zentralinstituts für Kunstgeschichte – als einziger außeruniversitärer Forschungseinrichtung für Kunsthistoriker in Deutschland. Als national wie international ausgerichtete und vernetzte Einrichtung ist das Zentralinstitut ein Ort der kunsthistorischen Forschung. Mit einem dichten Programm öffentlicher Veranstaltungen versteht es sich als Forum des wissenschaftlichen Austausches und der Diskussion aktueller

Die Bibliothek im Zentralinstitut für Kunstgeschichte.

methodischer Fragestellungen und Themen der Kunstgeschichte. Es ist mit einer der weltweit bedeutendsten und größten kunsthistorischen Fachbibliotheken (über 560.000 Bände), seiner Fotothek sowie mit zahlreichen international genutzten Online-Angeboten und Datenbanken auch eine zentrale Service-Institution und bietet herausragende Arbeitsmöglichkeiten für die kunsthistorische Recherche.

Seit den 1960er Jahren wird der kunsthistorische Schwerpunkt des Hauses noch verstärkt, durch die im „Museum für Abgüsse Klassischer Bildwerke" ausgestellten Exponate. In den beiden Lichthöfen sind seit 1981 Kopien von Werken der klassischen Antike ausgestellt. Die Idee der Sammlung geht auf den Archäologen Heinrich von Brunn zurück. Er begann 1865, als der erste Lehrstuhl für Archäologie an der Ludwig-Maximilians-Universität eingerichtet wurde, Abgüsse klassischer Werke als Arbeitsmaterial zusammenzustellen. 1944 wurde die bis dahin auf 2.398 Exponate angewachsene Sammlung, die sich in den nördlichen Hofarkaden der Münchner Residenz befand, vernichtet. Der Archäologe Paul Zanker, von 1976–2002 Direktor der Sammlung, baute diese wieder systematisch auf. Heute umfasst sie wieder knapp 2.000 Abgüsse und gehört damit zu den vier größten derartigen Sammlungen in Deutschland. Ein Höhepunkt der Ausstellung ist seit 2008 die Dauerleihgabe des Parthenon-Modells aus dem Metropolitan Museum of Art New York. Die kunsthistorischen Institutionen des Hauses der Kulturinstitute mit ihren drei großen Spezialbibliotheken und den beiden Antikenmuseen am Königsplatz ergeben ein weiteres hochkarätiges Kompetenzzentrum im Kunstareal.

Hochschule für Musik und Theater München

Adresse: Arcisstraße 12 und Luisenstraße 37a ♿
Telefon: 089 / 28 927 450

www.musikhochschule-muenchen.de

Museum für Abgüsse Klassischer Bildwerke München

Adresse: Katharina-von-Bora-Straße 10 ♿
Telefon: 089 / 28 927 690
Öffnungszeiten: Montag–Freitag 10.00–20.00 Uhr

www.abgussmuseum.de

Zentralinstitut für Kunstgeschichte

Adresse: Katharina-von-Bora-Straße 10 ♿
Telefon: Direktion 089 / 28 927 556
Bibliothek 089 / 28 927 581
U2 und Bus 100 Königsplatz, Tram 27/28
Karolinenplatz

www.zik.de

EIN MEILENSTEIN – KEIN SCHLUSS-STEIN

Das NS-Dokumentationszentrum München

Blickt man vom Königsplatz über den von Bäumen und Strauchwerk befreiten Sockel des einstigen „Ehrentempels" hinweg, sieht man ein Gebäude aus Sichtbeton mit flachem Dach, ohne Sockel und ohne horizontale Gliederungen. Die Fassade bestimmen schmale, asymmetrisch angeordnete, vertikale Fensterschlitze. Es ist ein nüchternes Bauwerk. Ein Kontrapunkt der sich seinen neoklassizistischen Nachbarn an der Arcisstraße mit all ihrer Monumentalität und Symmetrie bewusst entgegenstellt. Mit seinem hellen Beton und seiner Verweigerung, sich in die Symmetrie des Königsplatzes harmonisch einzustimmen, ist er unübersehbar. Auf dem Platz davor und an einer Gebäudeseite stehen Monitore mit verwirrenden, den Betrachter packenden Text-Bild-Kollagen zu Schlüsseldokumenten der NS-Zeit.

„Brienner 45" (2015) von den Brüdern Benjamin und Emanuel Heisenberg sowie Elisophie Eulenburg an der Brienner Straße vor dem NS-Dokumentationszentrum.

Filme von 3-6 Minuten Länge werden gezeigt, jedem Wort ist ein Bild zugeordnet. Die Textpassagen stammen aus Originaldokumenten von Tätern und Opfern: aus dem Abschiedsbrief des 14-jährigen Jungen Chaijm, der im Zaun eines Konzentrationslagers gefunden wurde und dem „Jäger-Bericht", in dem es um die Vernichtung von Juden in Litauen im Jahre 1941 ging. Die Künstler des „Brienner 45" sind die Brüder **Benjamin** und **Emanuel Heisenberg** zusammen mit **Elisophie Eulenburg**. Sie gingen als Sieger aus dem eigens dafür ausgelobten Wettbewerb hervor.

Das NS-Dokumentationszentrum München befindet sich in der Brienner Straße, genau dort, wo bis 1945 das „Braune Haus", die einstige NSDAP-Parteizentrale stand. Dass es heute hier steht, ist ein großer Erfolg und eine Herausforderung. Gerade in München, der so genannten „Hauptstadt der Bewegung", die maßgeblich mit Gründung und Aufstieg der NSDAP und der Karriere Hitlers verbunden ist, währte die Entscheidungsfindung um

einen angemessenen Ort der Auseinandersetzung mit dem Nationalsozialismus sehr lange. Bereits kurz nach Kriegsende 1945 stellte sich die Frage des Umgangs mit den Bauten des Nationalsozialismus. Sie wurde in einem ersten Schritt und vorläufig durch das Abschlagen von Hoheitszeichen an den beiden Troost-Bauten am Königsplatz, ihrer kulturellen Umnutzung und der Sprengung der beiden Ehrentempel beantwortet. Seit den 1980er Jahren engagieren sich Münchner Bürger verstärkt in Vereinen, Initiativen oder Geschichtswerkstätten, im Sinne der städtischen Erinnerungskultur. Eine wichtige Rolle dabei nimmt der Gründungsdirektor der Einrichtung, der Architekturhistoriker Prof. Winfried

Das im April 2015 eröffnete NS-Dokumentationszentrum der Stadt München, im Hintergrund die 1862 eingeweihten Propyläen.

Nerdinger ein. 2001 gibt es einen Grundsatzbeschluss der Stadt, für den Aufbau eines NS-Dokumentationszentrums. Seit 2008 wird im Münchner Stadtmuseum eine Dauerausstellung mit dem Titel: „Nationalsozialismus in München – Chiffren der Erinnerung" gezeigt. Ebenfalls 2008 erging die Ausschreibung eines Architekturwettbewerbes, Sieger wird das Berliner Büro **Georg Scheel Wetzel Architekten**. Sogar die Namensfindung für das geplante Vorhaben gestaltete sich nicht einfach, die Abkürzung „NS" wurde unter anderem seitens der SPD für ungeeignet befunden, da sie der „Tätersprache" entstammt. Eine Abstimmung im Stadtrat führte schließlich zum Beschluss der korrekten Bezeichnung: „NS-Dokumentationszentrum München – Lern- und Erinnerungsort zur Geschichte des Nationalsozialismus". Am 9. März 2012 wird der Grundstein für den Neubau gelegt. Die Eröffnung findet am 30. April 2015 statt, auf den Tag genau 70 Jahre nach der Befreiung Münchens.

Zwar auf dem Kunstareal gelegen, ist das Haus kein Museum, keine Stätte, wo man Exponate besichtigen oder gar bewundern kann. Das NS-Dokumentationszentrum ist ein Lernort für alle, ein Ort der Fragen und der Aufklärung. Diskutiert und aufgearbeitet werden die Geschichte und die Folgen des NS-Regimes, gekoppelt mit einer zukunftsorientierten, historisch-politischen Bildungsarbeit am authentischen Ort. Das Konzept ist besonders auf unterschiedliche Personengruppen und Altersstufen zugeschnitten, so gibt es einen Audio-Guide speziell für Kinder und einen für Erwachsene. Das Doku-Zentrum ist eine Einrichtung der Landeshauptstadt München zusammen mit dem Freistaat Bayern und der Bundesrepublik Deutschland.

Der Rundgang beginnt im obersten Stockwerk und führt, über das Ende des Ersten Weltkrieges und die Ausrufung des Freistaats Bayern durch Kurt Eisner, in die Münchner Räterepublik und die Gegenrevolution und schließlich zu Rechtsextremismus und gescheitertem Hitler-Putsch von

Eine nüchterne und doch viele Assoziationen bündelnde Architektur – innen und außen.

1923. Der Besucher erfährt anhand von Schautafeln mit Bild und Text, durch Filmbeiträge, Kartenmaterial und Originaldokumente sehr viel über den Aufstieg Hitlers und der NSDAP. Die Planungen Münchens, der Umbau der Stadt zur „Hauptstadt der Bewegung" werden dokumentiert, ebenso der „Blutzeugen-Kult" am Königsplatz.

Durch die Fenster des modernen Gebäudes hat man den direkten Bezug zur Außenwelt – zum Königsplatz und auch zu den dortigen NS-Bauten. Der Krieg, die Vernichtung der Juden, die Verbrechen und der Terror der NS-Diktatur werden aufgezeigt. Auch der Alltag im Luftkrieg sowie Widerstand und Zivilcourage sind Themen der Ausstellung. Die Präsentation ist wissenschaftlich fundiert, die Texte über Kopfhörer sachlich, die Wirkung auf den Betrachter dennoch emotional und persönlich. Unmöglich, hier keine Stellung zu beziehen oder zu verdrängen. Die Ausstellung im NS-Doku-Zentrum trägt entscheidend dazu bei, Geschichte und Stadtgeschichte zu begreifen und besonders den Fragen: *„Was hat das mit mir zu tun? Was geht mich das heute noch an?"* nachzugehen. Das Lernforum im 1. Untergeschoss mit digitalen Medienangeboten, der Vortragssaal im Untergeschoss und die auf große Besuchergruppen ausgelegte Infrastruktur des Gebäudes bieten beste Voraussetzungen, um Wissen zu vermitteln – die beste Waffe, gegen das Vergessen und die Verdrängung von NS-Verbrechen.

Der nahe gelegene „Platz der Opfer des Nationalsozialismus" mit der „ewigen Flamme" inmitten einer Stele aus schwarzem afrikanischem Granit von **Andreas Sobeck** (1985) wurde 2012/13 neu gestaltet und im Januar 2014 der Öffentlichkeit übergeben. Er dient als Ort des Gedenkens. Durch das Doku-Zentrum erhält er eine neue Bedeutung. Die Brienner Straße durchquert historische Orte der NS-Geschichte wie den Karolinenplatz mit dem Wohnhaus der Verlegerfamilie Bruckmann – hier wurde „Mein Kampf" lesbar und druckfertig gemacht – jedoch nicht verlegt. An der Brienner Straße 6 stehen das „Haus der Deutschen Ärzte" (Roderich Fick, 1936) und das ehemalige Wittelsbacher-Palais (Friedrich von Gärtner, 1848) – die spätere Gestapo–Zentrale. Bauten des einstigen NSDAP-Parteiviertels, die Schrecken und Angst verbreiteten.

Das NS-Dokumentationszentrum München steht nun als Meilenstein auf dem Weg zur Bewältigung von Münchens und Deutschlands NS-Vergangenheit – keineswegs als Schluss-Stein.

Adresse: Brienner Straße 34 ♿
Telefon: 089 / 233 67 000
Öffnungszeiten: Täglich außer Montag 10.00–19.00 Uhr, U2 Königsplatz und Tram 27/28 Karolinenplatz
Museumsshop als Literaturhandlung mit Büchern und Filmen zum Thema

www.ns-dokumentationszentrum-muenchen.de

DIE PINAKOTHEKEN UND IHRE NACHBARN

Das Wort Pinakothek ist entlehnt vom altgriechischen Wort Pinax, das so viel wie (Holz-)Tafel, Gemälde oder Tafelbild bedeutet. Eine Pinakothek ist ein Kunstmuseum, in dem vorrangig Gemälde ausgestellt werden.

EIN VORBILDHAFTER BAU

Die Alte Pinakothek

Wären da nicht die Wunden aus dem Zweiten Weltkrieg, dann könnte man sich vor der Neorenaissance-Fassade der Alten Pinakothek so richtig ins 19. Jahrhundert träumen: endlose Reihen von Rundbögen, jeder flankiert von Säulen wie beim Kolosseum in Rom, wuchtige Eckbetonungen und ein schwerer kantiger Sockel, der das lang gestreckte Gebäude erdet. An beiden Seiten wird der monumentale Bau von einem zweigeschossigen Kopfbau abgeschlossen. Architekt **Leo von Klenze** äußerte sich 1831 zu seinem Entwurf wie folgt: *„Eine Gemäldegalerie soll in einer freien Lage, gesichert gegen Feuersgefahr, Staub und Reflexlicht angelegt werden. Sie soll das ganze Feld der Graphik umfassen, und sowohl ihrem Aeußeren als Innern nach dem Beschauer bedeutende Effekte darbieten, geeignet die Seele desselben in die paßliche Stimmung zu versetzen: denn mehr für die Nation als für den Künstler, welchen diese Stimmung schon angeboren ist, muß und soll eine solche Sammlung berechnet seyn."* Ein sicherer Hort der Kunst, wissenschaftlich geordnet und unter gläsernen Oberlichtern dem Besucher zu Ansicht empfohlen - das ist es, was der Bau einst ausstrahlte. Die Kriegszerstörungen haben die Vorstellung von hoher Kunst und sicherer Ordnung zerbrechen lassen. Und doch ist die Alte Pinakothek, die klassische Galerie auf zwei Etagen, heute wieder ein zentraler Anziehungspunkt im Kunstareal – vielleicht gerade wegen ihrer Geschichtlichkeit, ihrer Brüche und Umbauten. Die Museumsbestände sind Teil der Bayerischen Staatsgemäldesammlungen, es werden Gemälde aus der Zeit des Mittelalters bis zur Mitte des 18. Jahrhunderts präsentiert.

Der Grundstock für diese Sammlungen wird bereits im 16. Jahrhundert, mit der Sammlertä-

tigkeit von Herzog Wilhelm IV. von Bayern und seiner Gemahlin Jacobea von Baden gelegt. Gegen Ende des 18. Jahrhunderts erhält die Sammlung eine gewichtige Erweiterung: König Max I. Joseph gliedert die Galerien aus Zweibrücken und Mannheim in seine Münchner Sammlung ein, 1806 folgt die Düsseldorfer Galerie. Johann Christian von Mannlich, Direktor der Zentralgemäldegalerie und Johann Georg von Dillis, Galerieinspektor, beschäftigen sich bereits seit 1805 mit einem Museumsneubau und betonen dessen Dringlichkeit. Noch während **Leo von Klenze** mit dem Bau der Glyptothek beschäftigt ist, beginnt er, auf Drängen von Kronprinz Ludwig, mit Entwürfen für einen Galerieneubau: die „Königliche Pinakothek". Der Grundstein für den Bau, der *„eine große Menge vortrefflicher Meisterwerke"* präsentieren sollte, wurde 1826 gelegt, symbolträchtig wählte man den 7. April, den Geburtstag Raffaels.

Die Nordfassade der Alten Pinakothek mit dem Haupteingang, rechts davor „Große Biga" von Fritz Koenig.

Auf Anfrage ist die Pinakothek bereits ab 1834 zu besichtigen, ein Zeitgenosse berichtet im Reiseführer „Acht Tage in München" (1834): *„Die Pinakothek stellt sich uns als eines der imposantesten und herrlichsten Bauwerke dar, welche die neuere Zeit entstehen sah."* **Eröffnet wurde die Pinakothek im Oktober 1836.** Mit 150 Metern Länge war sie die größte Galerie der Welt. Leo von Klenze verwies darauf, dass große Bilder den Eindruck von kleinformatigen Werken innerhalb desselben Raumes schmälern würden. Auch die Belichtung der Bilder sollte sich an ihrer Größe orientieren: ein großes Format benötigt in jedem Fall Oberlicht, bei kleineren Bildern ist Seitenlicht möglich. Seine Überlegungen sind in der vorbildhaften Konzeption des Bauwerks ablesbar, es wurde *„zum einflußreichsten Museum des 19. Jahrhunderts".* (Nikolaus Pevsner, 1998). Der Architekt konnte für sich in Anspruch nehmen, den Typus der modernen Galerie entscheidend geprägt zu haben. Die im Obergeschoss befindlichen großen Ausstellungssäle mit ihrem blendfreien Oberlicht werden im Norden von kleineren Kammern abgeschlossen. An der Südseite zog sich ein langer Loggiengang mit insgesamt 25 Jochen, darüber dann die so genannte „Künstlerbalustrade" mit den Stadtbildern von 24 berühmten Malern. Erschlossen wurde das Museum von der schmalen Ostseite aus, durch einen schmalen Torbogen, das „Klenze-Portal". Von hier führte eine rein funktionale, keine repräsentative Treppe direkt in das obere Stockwerk. Die Ausstattung der Räume entsprach dem Zeitgeschmack: rund um die Oberlichter waren die Säle mit schwerem Stuck ausgestattet. Die Fresken im Loggiengang entwarf **Peter von Cornelius**, Direktor der Münchner Akademie der Künste, ganz programmatisch nach dem Vorbild der Fresken Raffaels im Vatikanpalast in Rom.

Zwei Jahre nach der Eröffnung beschrieb Dillis im *„Verzeichniss der Gemaelde in der königlichen Pinakothek zu München" (1838)* die stattliche Anzahl von 1.269 Gemälden. Nach der Eröffnung der „Neuen Pinakothek" im Jahr 1853 wurde die „Königliche Pinakothek" bis zum Ende des Ersten Weltkriegs in die „Ältere königliche Pinakothek", danach in die „Alte Pinakothek" umbenannt.

Im Jahre 1944 wird die Alte Pinakothek bei Bombenangriffen stark beschädigt. Der damalige Generaldirektor Ernst Buchner und der Architekt **Hans Döllgast** setzten sich bereits seit 1946 maßgeblich für die Rettung des in manchen Planungen schon zum Abriss frei gegebenen Gebäudes ein. Ab 1952 erfolgt schließlich der Wiederaufbau, jedoch nicht als Kopie, sondern mit Veränderungen. Diese betrafen nicht nur die Fassaden, sondern auch die Erschließung des Gebäudes und die gesamte Raumorganisation. An die Stelle des Loggiengangs tritt nun das große Treppenhaus, als repräsentative Erschließung des Museums. Die Künstlerbalustrade ging für immer verloren.

Der Haupteingang und das große Eingangsfoyer befinden sich seit der Wiedereröffnung 1957 an der Nordseite des Museums. Im Erdgeschoss findet man heute die Altdeutsche Malerei, die Flämische Malerei, einen Sonderausstellungsbereich um das Klenze-Portal herum sowie das Café Klenze. Die Oberlichtsäle faszinieren noch immer – auch ohne die einst opulenten Stuckaturen – die Besucher, die hier und in den Kabinetten an der Nordseite die Werke italienischer, holländischer und flämischer Meister bewundern können. In den flankierenden Kopfbauten, findet man an der Ostseite die „Altniederländische" und die „Altdeutsche" Malerei, im Westen die spanischen und die französischen Meister.

München besitzt eine der größten Sammlungen altdeutscher Meister, darunter **Stephan Lochners** „Anbetung des Kindes" (1445) und **Albrecht Altdorfers** „Alexanderschlacht (1529) – eines der ersten Bilder der Sammlung überhaupt. Zentraler Blickpunkt sind die 72 Bilder von **Peter Paul Rubens** – eine der größten Rubenssammlungen weltweit, die ständig ausgestellt wird. Die Auswahl „vortrefflicher" Werke scheint unendlich, zum Beispiel „Die Sieben Freuden Mariens" (1480) von **Hans Memling**, das „Schlaraffenland" (1566) von **Pieter Brueghel d. Ä.**, die „Entkleidung Christi" (um 1595) von **El Greco**, das „Selbstbildnis" (1629) von **Rembrandt van Rijn** oder **François Bouchers** „Ruhendes Mädchen" (1752). Oder die immer wieder großartigen Maler der italienischen Renaissance wie **Jacopo Tintoretto** mit der „Vulkan überrascht Venus und Mars" (um 1555) sowie drei Bilder von **Raffael**, darunter „Die hl. Familie aus dem Hause Canigiani" (um 1505). Auch das einzige Werk **Leonardo da Vincis**, das in einem deutschen Museum zu sehen ist, befindet sich hier: die „Madonna mit der Nelke" (zwischen 1473 und 1478).

Aktuell sind gut 700 Bilder in der ständigen Ausstellung zu sehen, daneben gibt es immer wieder Wechselausstellungen, die thematisch eng mit der Sammlung verknüpft sind.

Nicht versäumen!

- *Albrecht Dürer: „Selbstbildnis im Pelzrock" (1500)*
- *Peter Paul Rubens: „Das Große Jüngste Gericht" (1617)*
- *Tizian: „Kaiser Karl V." (1548)*

Adresse: Barer Straße 27 / Theresienstraße
Telefon: 089 / 23 805 216
Öffnungszeiten: Täglich außer Montag 10.00–18.00 Uhr, Dienstag 10.00–20.00 Uhr
U2 Königsplatz oder Theresienstraße, Tram 27/28 und Bus 100: Pinakotheken
Museumsshop und Gastronomie „Café Klenze"
www.pinakothek.de/alte-pinakothek

KUNST UND ARCHITEKTUR: VOM 18. JAHRHUNDERT ZUR POSTMODERNE

Die Neue Pinakothek

Das Gebäude hat unterschiedliche Gesichter. Zu sehen sind stilisierte Rundbogenreihungen innerhalb einer Glasfassade, Erker und Glasgiebel auf hellen Natursteinwänden, das gläserne Eingangssegment, erreichbar über eine Freitreppe. Die Dachfläche scheint vom Industriebau entlehnt, gläserne Sheddächer schließen die in der Höhe leicht gestaffelten Bauwerksteile nach oben ab. Geht man um die Neue Pinakothek herum, bieten sich stets neue, teils verwirrende Anblicke, fällt der Blick auf offensichtlich funktionslose Wasserspeier oder Außentreppen, die in der Art mittelalterlicher Wehrgänge überdacht sind. Historische Elemente im Spiel mit sich selbst und dem Besucher: der Bau ist eines der wenigen Beispiele **postmoderner Architektur** in München. Rechts vom Hauptein-

Schöne Wandfarben und Parkettfußböden im Inneren der Neuen Pinakothek.

gang führen Stufen hinab zu einer Wasserfläche auf der sich Kunstwerke der Münchner Künstler **Toni Stadler** und **Georg Brenninger** tummeln, umgeben von einem Grünbereich – eine innerstädtische Oase mit Café und Restaurant.

Die ersten architektonischen Entwürfe für die Neue Pinakothek stammen von **Friedrich von Gärtner**, ihr späterer Erbauer **August von Voit** griff stark auf dessen Ideen zurück. **Am 25. Oktober 1853 wurde die Neue Pinakothek** eröffnet und bildete den Gegenpol zu den Alten Meistern in der „Königlichen Pinakothek", die erst nach dem Ersten Weltkrieg „Alte Pinakothek" hieß. Vom Baukörper her ähnelte die Neue Pinakothek aber sehr dem Klenze-Bau gegenüber. Auch sie war eine lang gestreckte Galerie auf zwei Etagen, auch sie zeigte sich in architektonischen Formen, entlehnt aus der Renaissance. Darüber hinaus war sie dekoriert mit Rundbogenfriesen. Im Unterschied zur Alten Pinakothek schmückten die Fassade großformatige Fresken von **Wilhelm von Kaulbach**, sie hielten den Witterungseinflüssen allerdings nicht lange Stand.

Die Neue Pinakothek war von König Ludwig I. zur Aufnahme seiner bedeutenden Sammlung von zeitgenössischer Kunst gedacht, also vorrangig für Kunst des 19. Jahrhunderts. Besonders begeistert war er selbst von den Malern der Münchner Schule und der Deutschen Romantik. Der Bilderzyklus „Die Landschaften Griechenlands" (1838-50) von **Carl Rottmann** nahmen eine zentrale Stellung innerhalb der Präsentation der Sammlung ein.

Ludwig I. wollte damit programmatisch ein heroisierendes Bild des Landes zeichnen, in dem sein Sohn Otto regierte, von Griechenland.

Bis zum Beginn des 20. Jahrhunderts blieben die Sammlungen der Neuen Pinakothek in erster Linie der deutschen Malerei des 19. Jahrhunderts verpflichtet. Mit dem Tod Ludwigs I. 1868 begann eine gewisse Änderung der Ankaufspolitik, auch Werke neuerer ausländischer Künstler fanden jetzt Eingang in die Sammlung. Eine weitere Wandlung vollzog sich ab 1909 mit der Berufung von Hugo von Tschudi, dem vormaligen Direktor der Berliner Nationalgalerie zum Direktor der Staatlichen Galerien nach München. Tschudi und seine Mitarbeiter,

Die Fassade im Einklang mit der Natur ...

die bereits die Berliner Nationalgalerie mit den Ankäufen von Werken der **Schule von Barbizon** und des französischen **Impressionismus** internationalisiert hatten, modernisierten ebenso konsequent die Ankaufs- und Ausstellungspolitik in München. So war die Schenkung des Mäzens Conrad Fiedler aus dem Jahre 1891 – sie umfasste wichtige Werke von **Hans von Marées** – zunächst nur im Schloss Schleißheim gezeigt worden. Heinz Braune, Mitarbeiter Hugo von Tschudis, holte sie in die Neue Pinakothek. Nach dem Tod Tschudis 1911 organisierte Braune äußerst erfolgreich die so genannte „Tschudi-Spende" an die Neue Pinakothek. Von Berliner Stiftern finanzierte ausländische Werke, darunter Bilder von **Vincent van Gogh, Paul Gauguin** oder **Paul Cézanne**, gelangten so nach München, als Protest gegen die vorherrschende Kunstpolitik.

Nach Zerstörungen im Zweiten Weltkrieg, die durchaus geringer waren als die der Alten Pinakothek, entschied man sich trotzdem dafür, sie vollständig abzutragen. Zeitweise wurden Bestände der Neuen Pinakothek im Haus der Kunst gezeigt. 1966/67 gab es den ersten Ideenwettbewerb zum Bau einer (neuen) Neuen Pinakothek. Der Architekt **Alexander von Branca** ging als Sieger daraus hervor, 1975 wurde der Grundstein gelegt, am 28. März 1981 die Neue Pinakothek wieder eröffnet. Der 1944 zerstörte Rottmann-Saal ist anlässlich der 150 Jahrfeier der Neuen Pinakothek im Jahre 2003 in veränderter Form wieder eingerichtet worden. Finanziert wurde das beeindruckende neue Raumkonzept durch die Ernst von Siemens – Kunststiftung. Die zur Neuen Pinakothek gehörende Sammlung umfasst aktuell über 3.000 Gemälde und 300 Skulpturen. Gezeigt wird eine wechselnde Auswahl von mehr als 400 Werken.

Auch in seinem Inneren ist das Haus ein Lehrstück für das, was als „postmoderne Architektur" bezeichnet wird. Stichworte wie „Geschichtlichkeit im Entwurf" oder die „doppelte" bzw. „mehrfache" Codierung", also gezielt eingesetzte unterschiedliche Verständnisebenen, sind hier virtuos umgesetzt. Den Grundeinstellungen der Postmoderne, dass in der Architektur alles möglich ist und sich die Annäherung des Nutzers, in diesem Fall des Besuchers, mehrdeutig vollzieht, ist durch Alexander von Brancas Bauwerk Rechnung getragen worden. So ist das Museum um zwei Innenhöfe gruppiert, die natürlich modern gestaltet sind, aber mit der Idee eines klösterlichen Kreuzganges spielen. Vielleicht sollen sie auch an den historischen Innenhof der Glyptothek erinnern? Oder sind sie einfach nur ein praktisches Ordnungsprinzip? Um jeden der beiden Innenhöfe führen Rampen zu höher gelegenen Museumsräumen hinauf. Der Besucher kann sich entscheiden, ob er den Weg durch die Ausstellungssäle – von Raum zu Raum – wählen oder gezielt und schnell über die Rampe zu einem bestimmten Kunstwerk gehen mag. Vielleicht fällt es ihm auch leichter, sich hier das Museum barrierefrei zu erschließen, zum Beispiel wenn er oder sie einen Kinderwagen schiebt? Auch sollte sich der Bau von

selbst erklären. Branca dazu: *„Der Besucher sollte keine Pfadfindereigenschaften besitzen müssen, sondern, einem natürlichen ‚Gefälle' folgend, die Raumabfolge ‚durchfließen'."*

Entlang der Rampen kann man Kunstwerke der Bildhauerkunst, von **Antonio Canova** bis **Adolf von Hildebrandt** erleben – in der Konzentration auf die Skulptur kann der Besucher einen sehr spezi-

Eine weitere der abwechslungsreichen Fassaden der Neuen Pinakothek.

ellen Zugang zum sonst stark auf Malerei fokussierten Museum erlangen. Genau diese unterschiedlichen Wege und Herangehensweisen sind es, die der Architekt mit seinem Bau provoziert und mit deren Zitaten er spielt: mittelalterliche Kreuzgänge, klassische Raumreihungen, daneben Oberlichtsäle und das Ganze erschlossen von einer Eingangshalle, die nüchtern und pathetisch zugleich zu sein scheint – postmodern eben.

Programmatischer Auftakt des Besuches ist das Bild von **Wilhelm von Kaulbach**: „Ludwig I., umgeben von Künstlern und Gelehrten, steigt vom Thron, um die ihm dargebotenen Werke der Plastik und Malerei zu betrachten". Der erste Teil des Rundgangs verläuft rund um den ersten der beiden Innenhöfe, durch die Säle der Malerei des ausgehenden 18. Jahrhunderts, über englische und französische Malerei zu deutschen Künstlern in Rom, wie **Peter von Cornelius** oder **Johann-Friedrich Overbeck** mit „Italia und Germania". Besonders sehenswert sind natürlich die Werke der Malerin **Angelika Kauffmann**. Im Raum 2 hängen einige ihrer Gemälde, darunter das „Selbstbildnis" (1784) und „Ludwig I. von Bayern als Kronprinz" (1807). Es folgen Werke des Künstlerkreises um Ludwig I. und der Romantik in Dresden und Berlin mit Karl **Friedrich Schinkel** und **Caspar David Friedrich**. Der Übergang zum zweiten Hof führt durch eine Galerie mit Genre- und Landschaftsbildern aus der Sammlung Ludwigs I.. Großformatige Werke von **Carl Theodor von Piloty**, Landschaften der Münchner Schule, wie die „Kalksteinsammlerinnen

Das Foyer in der Neuen Pinakothek.

im Isarbett bei Bad Tölz" (1883) von **Joseph Wenglein** oder die Bilder der Deutschrömer, wie **Arnold Böcklin** und **Anselm Feuerbach** schließen sich an. Auf dem zweiten Teil des Rundgangs ist man im ausgehenden 19. und beginnenden 20. Jahrhundert mit internationalen Werken des **Impressionismus, Spätimpressionismus** sowie des **Symbolismus** und des **Jugendstils**. Zeitgenössische Kunst unserer Zeit zu sammeln und zu präsentieren bleibt nun in erster Linie der Pinakothek der Moderne und dem Museum Brandhorst vorbehalten.

Nicht versäumen!

- *Carl Spitzweg: „Der arme Poet" (1839)*
- *Gabriel von Max: „Affen als Kunstrichter" (um 1889)*
- *Henry van de Velde: „Garten in Kalmthout" (um 1892)*

Adresse: Barer Straße 29 /
Eingang Theresienstraße ♿
Telefon: 089 / 23 805 195
Öffnungszeiten: Täglich außer Dienstag
10.00-18.00 Uhr, Mittwoch 10.00-20.00 Uhr
Tram 27/28 und Bus 100: Pinakotheken
Museumsshop und Gastronomie „Hunsinger in der neuen Pinakothek"
www.pinakothek.de/neue-pinakothek

„Italia und Germania" (1828) von Johann-Friedrich Overbeck auf einem Werbeplakat für das Museum.

EINE PINAKOTHEK MIT VIER MUSEEN

Die Pinakothek der Moderne

Ein heller Betonbau erhebt sich inmitten des Kunstareals, modern, sachlich, streng. Große Glasflächen gliedern die Fassade, schlanke hohe Betonstützen tragen das Dach. Der im Nordwesten gelegene großzügige Eingangsbereich zieht die Besucher hinein in eine lichte Welt aus Glas und glattem Sichtbeton. Das Haus wird auch als *„Kathedrale des Lichts"* bezeichnet und das trifft wohl am besten, was der Architekt **Stephan Braunfels** mit seinem zeitgenössisch-modernen Entwurf geschaffen hat. Dieses Haus ist ein städtebauliches Bindeglied zwischen der Münchner Innenstadt und der Alten sowie der Neuen Pinakothek.

Es beherbergt vier Museen: die **Sammlung für Moderne Kunst**, die **Staatliche Graphische Sammlung**, das **Architekturmuseum der Technischen Universität München** und die **Neue Sammlung – The International Design Museum Munich**.

Die Moderne und München waren, gerade was die Architektur betrifft, bis zu Beginn des 21. Jahrhunderts kein Traumpaar. Im Jahre 1994 wurde die Stiftung Pinakothek der Moderne ins Leben gerufen, sie ermöglichte mit ihren Engagement und ihren Spendengeldern von rund 13 Millionen Euro den neuen Museumsbau.

Die weitere Finanzierung der Pinakothek der Moderne übernahm der Freistaat Bayern, er stellte auch das Grundstück der einstigen Türkenkaserne zu Verfügung. Unterstützer der Idee, zeitgenössische Kunst nach München zu holen, sind Vereine wie „PIN – Freunde der Pinakothek der Moderne" und die „International Patrons of the Pinakothek".

Unter vielen Sammlungen und Stiftungen, die den Grundstock für die in der Pinakothek gezeigte moderne Kunst bilden, gilt es besonders, die „Theo Wormland-Stiftung" und die „Fritz Winter-Stiftung" zu erwähnen. Wichtiger Baustein für die Sammlung Moderne Kunst und auch die Staatlichen Graphischen Sammlungen ist die bedeutende Sammlung von Herzog Franz von Bayern, die auf zeitgenössische deutsche Maler wie **Jörg Immendorff** und **Sigmar Polke** fokussiert, aber ebenso Frühwerke von **Joseph Beuys**, **Georg Baselitz** und **Blinky Palermo** beinhaltet.

Den städtebaulichen Ideenwettbewerb zum Bau der Pinakothek der Moderne gewann **Stephan Braunfels** mit seinem Büro 1992 – der 1. Preis unter 167 Bewerbern. Mit dem 2002 eröffneten

Die Pinakothek der Moderne – der Haupteingang.

Museum wurde ein wichtiger Meilenstein für die Präsentation von moderner und zeitgenössischer Kunst in München gesetzt. Begründungen für die Preisvergabe gibt es viele, an erster Stelle steht die Gliederung des Gesamtkomplexes in mehrere Abschnitte: in einen „Kern"– die öffentlich zugängliche Rotunde mit Café und Museumsshop – und in eine „Schale", in Form der umgebenden Ausstellungsräume. Bei Museumsneubauten und besonders bei Kunstmuseen stellt sich meist die Frage danach, inwieweit der Schwerpunkt auf den musealen Exponaten und inwieweit auf dem Gebäude, als Werk der Baukunst, liegt? Braunfels ist durch die Trennung von „Kern" und „Schale" beides gelungen. Die öffentlichen Bereiche mit ihrer Lichtführung, dem Wechsel von Tages- und Kunstlicht, und überraschenden Durchblicken formen das Innere des Museums zur „Lichtskulptur". Ganz in der Tradition berühmter Kunstmuseen des 19. Jahrhunderts prägen großzügige Treppenanlagen den Bau, hier sind es aber keine monumentalen Schlosstreppen mit Deckengemälden, sondern moderne Sichtachsen des 21. Jahrhunderts. In der 24,5 Meter hohen Rotunde, dem zentralem Dreh- und Angelpunkt des Bauwerks, beginnen und enden alle Wegeführungen. Braunfels stellt sich auch in die Tradition von Rotunden als einem Ideal im Museumsbau. Letztlich sind sie allesamt Nachfahren des Pantheons in Rom (118 n. Chr.): die Rotunden von **Jean Nicolas Louis Durand** („Architekturlektionen", 1805), über **Leo von Klenze** (Glyptothek) und **Karl Friedrich Schinkel** (Altes Museum Berlin) bis hin zu **Frank Lloyd Wright** (Guggenheim Museum New York, 1955). Die abgeschlossenen Ausstellungsbereiche in der Pinakothek der Moderne befördern die Konzentration auf das Kunstwerk, auf das intime Gegenüber zwischen Besucher und Exponat. Noch nicht realisiert wurde der zweite Bauabschnitt, der das Gebäude im Süden – an der Gabelsberger Straße – und im Osten – an der Türkenstraße – „ummanteln" und Platz für die **Staatliche Graphische Sammlung** schaffen sollte.

Großartige Blicke und viel Platz in der Pinakothek der Moderne.

Im gesamten Obergeschoss des Hauses wird die **Sammlung für Moderne Kunst** gezeigt. Sie ist heute Teil der **Bayerischen Staatsgemäldesammlungen**. Mit insgesamt 3.000 Objekten der Malerei und der Plastik sowie der Neuen Medien wie Fotografie und Video, ist sie eine der bedeutendsten ihrer Art. Werke der klassischen Moderne, bis 1960, sind im Westflügel zu finden, die Kunst der Gegenwart ab 1960, im Ostflügel. Ausgestellt werden Werke des **Expressionismus**, des **Kubismus** und des **Futurismus**, der **Neuen Sachlichkeit**, des **Surrealismus**, der **Pop Art** und der **Minimal Art**. Beide Ausstellungsteile, im Ost- und Westflügel sind durch eine Galerie in der Rotunde und durch Sichtachsen miteinander verbunden. Der Besucher erlebt die Kunstwerke des 20./21. Jahrhunderts beim Gehen. Im Westflügel schreitet man von **Lovis Corinth** und **Georges Braque** zu **Pablo Picasso**, vom **Blauen Reiter** zu den **Bauhauskünstlern**, sieht Werke des **Surrealismus** von **René Magritte** oder **Max Ernst**. Ein Raum ist **Joseph Beuys** Werk „Das Ende des 20. Jahrhunderts" (1983) gewidmet, es entstand zur dokumenta 1982 und existiert in mehreren Fassungen. Und die größte **Max Beckmann Sammlung** außerhalb der USA ist hier zu sehen. Der Ostflügel ist aktuellen Entwicklungen in der Kunst vorbehalten, dementsprechend gibt es hier ständig wechselnde Präsentationen der Sammlungsbestände.

Im Erdgeschoss der Pinakothek der Moderne befinden sich die Räume der **Staatlichen Graphischen Sammlung** und des **Architekturmuseums der TU München**. Die Staatliche Graphische Sammlung gehört zu den wichtigsten Grafiksammlungen der Welt und zeigt ihre Bestände in jährlich fünf bis sechs Wechselausstellungen. Aus konservatorischen Gründen – vor allem wegen ihrer Lichtempfindlichkeit – können die gut 400.000 Blätter (45.000 Zeichnungen, ca. 350.000 Druck-

graphiken) nicht dauerhaft und nur bei Seiten- oder Kunstlicht gezeigt werden. Zu den Beständen gehören Zeichnungen, illustrierte Bücher und Graphiken von Künstlern wie **Albrecht Dürer**, **Raffael**, **Rembrandt**, **Eugène Delacroix**, **Carl Spitzweg**, **Max Ernst**, **Paul Klee**, **Käthe Kollwitz**, **Edvard Munch**, **Picasso**, **Roy Lichtenstein** und jüngste Schenkungen von beispielsweise **Hans Bellmer**, **Philip Guston** und **Georg Baselitz**.

Das **Architekturmuseum der TU München** ist ein „Schaufenster" für wechselnde Präsentationen der stetig wachsenden Bestände des Architekturmuseums. Derzeit umfassen sie gut 350.000 Zeichnungen, 100.000 Fotografien und 500 Architekturmodelle. Bevor die Spezialsammlung für Architektur ihre Räume in der Pinakothek der Moderne bekam, war sie in Form von Wechselausstellungen u.a. im Münchner Stadtmuseum präsent. Ursprünglich geht das Architekturmuseum auf **Carl von Fischer** als dem ersten bayerischen Architekturdozenten zurück. Seine Zeichnungen aus der Akademie der Bildenden Künste wurden auf Anordnung von **König Ludwig II.** im Jahre 1868 komplett an die „Neue Polytechnische Schule", heute TU München, als Lehrsammlung für die Architekturausbildung übergeben. Dazu kamen Architekturmodelle, Gipsabgüsse und Zeichnungen, darunter Werke berühmter Architekten wie **Johann Balthasar Neumann**, **François de Cuvilliés** oder **Le Corbusier**. Qualifizierte Studentenarbeiten, Computeranimationen und Filme ergänzen die Sammlung, die seit 1989 **„Architekturmuseum"** heißt. Zu den Beständen gehören zum Beispiel der Kupferstich von **August von Voit** „Glaspalast in München" (1854), der Entwurf Gottfried Sempers für ein Richard-Wagner-Festspielhaus in München (1866), das Modell für den Olympiapark München von **Günter Behnisch** und **Frei Otto** (1967) sowie das Kunststoffmodell „The Spiral – Erweiterung des Victoria an Albert Museum in London" von **Cecil Balmond**, **Ove Arup & Partners** und **Daniel Libeskind** (2002).

Die Neue Sammlung – The International Design Museum Munich zählt zu den führenden Design-Museen der Welt. Seine Anfänge sind eng mit dem 1907 in München gegründeten **Deut-**

schen Werkbund verbunden. 1925 wurde das Museum für angewandte Kunst als Staatsmuseum des Landes Bayern institutionalisiert. Die Bestände der Neuen Sammlung umfassen über 100.000 Objekte, ausgestellt sind gut 1000 davon. Den Auftakt für die Besichtigung bildet eine riesiger Setzkasten, der schon vom Museumsfoyer, von der Rotunde aus sichtbar ist und in dem wichtige Designklassiker exemplarisch vertreten sind, wie das Sideboard (1955) für **Ludwig Erhard** von **Sep Ruf**, das Sofa „Bocca" (1971) vom **Studio 65** oder der „Poltrona di Proust" (1978) von **Alessandro Mendini**. Nicht nur die Moderne, auch **Pop-Art**, **Postmoderne** („Form follows fun") oder das **„Anti-Design"** prägten die zweite Hälfte des 20. Jahrhunderts. In der „Designsammlung 1900 bis zur Gegenwart" wird unter anderem die Entwicklung des Möbelbaus von den „Kunstmöbeln" des **Edward William Godwin** (Ende 19. Jh.), über die „Maschinenmöbel" von **Richard Riemerschmid** (1905) und den Bauhausschrank „ti 113" (1926/27) von **Marcel Breuer**, bis hin zum Nachkriegsdesign, geprägt von Ray und Charles Eames oder Verner Panton, gezeigt. Perfekte Ergänzung dazu ist die halbrunde „Bugholzrotunde", in der über 50 Modelle von Bugholzmöbeln der Firma **Thonet** und Formexperimente zeitgenössischer Designer präsentiert werden. Verborgene Schätze gibt es dann im 2. Untergeschoss, in der Danner-Rotunde zu sehen: internationales Schmuckdesign ab 1945 als Dauerleihgabe der Benno und Therese Danner'schen Kunstgewerbestiftung (Danner-Stiftung).

Nicht versäumen!

Sammlung Moderne Kunst
www.pinakothek.de/pinakothek-der-moderne

- *Heinrich Maria Davringhausen: „Weiblicher Akt in Architekturen" (1916)*
- *Rudolf Belling: „Dreiklang" (1919)*
- *René Magritte: „Der Schlüssel der Träume" (1930)*

Staatliche Graphische Sammlung
www.sgm.eu

Architekturmuseum der TU München
www.architekturmuseum.de

Die Neue Sammlung – The International Design Museum Munich
www.die-neue-sammlung.de

- *Peter Behrens: Elektrische Tee und Wasserkessel für die AEG (1909)*
- *Alvar Aalto: Clubsessel 400 („Panzer") (1936)*
- *SoriYanagi: Hocker „Butterfly" (1954)*

Adresse: Barer Straße 40
Telefon: 089 / 23 805 360
Öffnungszeiten: Täglich außer Montag
Dienstag – Sonntag 10.00–18.00 Uhr,
Donnerstag 10.00–20.00 Uhr
Tram 27/28 und Bus 100: Pinakotheken
Museumsshop und Gastronomie

www.pinakothek.de/pinakothek-der-moderne

EIN „WHITE CUBE" IM STREIFENDESIGN

Das Museum Brandhorst

An der Nordostecke des Kunstareals steht ein buntgestreifter Bau. Schatztruhe der modernen Kunst, lego-bunte Kiste oder gebautes abstraktes Kunstwerk? Zunächst steht man davor und stellt Erstaunliches fest: Je näher man kommt, und je länger man das Bauwerk ansieht, desto mehr leuchten seine Farben. Gerade an grauen Regentagen ein verblüffender Effekt. Die Oberfläche des Hauses verändert sich mit jedem Schritt beim Näherkommen, bei jeder Bewegung. Nicht nur Kunst entsteht im Auge des Betrachters, ganz offensichtlich auch Architektur. 36.000 vertikale Keramikstäbe sind es insgesamt, welche die Fassade bilden, in 23 Farben!

Ist man durch die Drehtür gegangen und im warmroten Foyer angelangt, zieht das Museum den Betrachter hinein, in eine irritierende Welt mit viel Platz für sensationelle Exponate und für Besucher, die Teil der Kunst-Inszenierung werden. Die breite Eichenholztreppe mit dem Handlauf aus Leder, die sich an die Wand schmiegt, lässt sie emporschweben oder ins Untergeschoss abtauchen.

Der „White Cube" mit den obligatorischen weißen Wänden, mit Parkett aus heller dänischer Eiche und exklusiv entworfenen Möbeln gibt auch dem beängstigendsten Kunstwerk einen warmen und menschlichen Rahmen. Tageslicht und Kunstlicht werden durch gewölbte weiße Decken geschickt zu einem gleichmäßigen Oberlicht gebündelt. Die wenigen Fenster haben Charakter, sie stellen gezielt den Bezug zur Umgebung her, entweder im Sinne eines „Schaufensters" oder als „gläserne Ecke", mit dem Blick auf die Pinakothek der Moderne und auch architektonisch als Bekenntnis zur Moderne.

Das Museum Brandhorst wurde 2009 eröffnet. Die Sammeltätigkeit von **Udo und Anette Brandhorst** begann bereits in den 1970er Jahren, zunächst mit dem Ankauf von Exponaten der Klassischen Moderne. Ergänzt wurde sie später durch Werke prominenter westdeutscher Künstler wie **Josef Beuys**, **Sigmar Polke**, oder **Gerhard Richter** und durch Werke der **Arte Povera** und der **Minimal Art**. 1993 wurde die „Udo und Anette Brandhorst Stiftung" gegründet, um einen dauerhaften musealen Standort für die Sammlung zu finden. Die Sammlung war bis dahin zu einer der bedeutendsten privaten Kunstsammlungen Deutschlands angewachsen. Nach dem überraschenden Tod von **Anette Brandhorst**

Die „Außenhaut" des Museums mit 36.000 Keramikstäben in 23 Farben!

1999 kommt es zu einer Vereinbarung zwischen **Udo Brandhorst** und dem Freistaat Bayern. Diese sieht vor, dass mit öffentlichen Mitteln sowohl das Museum gebaut, als auch die Personal- und Betriebskosten getragen werden. Außer den in die Stiftung eingebrachten Kunstwerken steht ein beträchtliches Stiftungskapital zur Verfügung, jährlich können Ankäufe im niedrigen einstelligen Millionenbereich getätigt werden. Der Fokus liegt dabei auf der Entwicklung ausgewählter Künstlerpersönlichkeiten. Allein mit 170 Werken befindet sich hier die größte **Cy Twombly** Sammlung außerhalb der USA, weltweit nur vergleichbar mit der Cy Twombly Gallery in Houston/Texas. Auch quantitativ, durch die stattliche Anzahl von über 1.000 Werken moderner und zeitgenössischer Kunst, bildet die Sammlung Brandhorst eine sensationelle Ergänzung bisheriger Präsentationen in München. Vereint sind Werkgruppen von Künstlerinnen und Künstlern der zweiten Hälfte des 20. Jahrhunderts sowie von internationalen Vertretern aktueller Kunst, darunter **Georg Baselitz**, **Eric Fischl**, **Katharina Fritsch**, **Damien Hirst**, **Mike Kelley**, **Louise Lawler**, **Mario Merz**, **Bruce Nauman**, **Cady Noland**, **Blinky Palermo**, **Sigmar Polke**, **Andy Warhol** und **Christopher Wool**. Die Aufmerksamkeit des Ehepaars Brandhorst galt von Anfang an nicht allein der Bildenden Kunst sondern auch der Literatur. Sie widmeten ihre besondere Aufmerksamkeit der Zusammenarbeit von Malern und Dichtern.

Das gestreifte Haus zur „grellen Sammlung" wurde entworfen von den Architekten **Matthias Sauerbruch** und **Louisa Hutton**. Das international agierende Büro für Architektur, Städtebau und Gestaltung hat seinen Sitz in Berlin. In München haben sie auch das ADAC-Gebäude konzipiert.

Die breite Eichenholztreppe mit dem Handlauf aus Leder, ein Kunstwerk für sich!

Das Museum Brandhorst steht an einem nur mäßig attraktiven Platz, man könnte sogar sagen, es ist auf eine enge Restfläche äußerst geschickt eingepasst, zwischen Türkentor und der Straßenkreuzung Türkenstraße/Theresienstraße. Laut ist es hier und verkehrsbelastet. Sauerbruch/Hutton wirken dem mit diesem Gebäude entgegen: Die Keramikstäbe sind auf eine horizontal gefaltete Blechhaut gesetzt, ihre Feinperforation absorbiert den Schall. Im schmalen Außenbereich nehmen Rasenstreifen im Wechsel mit Betonplatten die Streifen der Fassade gestalterisch auf. Durch die unterschiedliche Farbigkeit und Tonalität der Keramikstäbe ergibt sich der Eindruck, das Gebäude bestehe aus unterschiedlichen, miteinander verzahnten Bauteilen. An der Straßenkreuzung liegt der höchste Teil, er ist mit Keramikstäben in matten Pastellfarben verkleidet. Entlang der Türkenstraße folgt der lang gestreckte Ausstellungsbau. Von außen sieht man hier vor allem die stark farbigen Keramikstäbe, im Inneren reiht sich Raum an Raum. Der Grundriss wird seitens der Architekten auch als „Sammlung von Räumen" unterschiedlicher Größe bezeichnet. Zudem ist er auch ein moderner Nachfahre der Galerie eines **Leo von Klenze**, wie er sie mit der Alten Pinakothek vorgab. Doch gibt es hier keine klassisch-strenge Raumreihung, wie bei historischen Gebäuden.

Die Seite des Museum an der Türkenstraße und gegenüber das sogenannte „Wohnhochhaus" (1952) von Sep Ruf an der Theresienstraße.

Die Durchgänge zwischen den Räumen sind versetzt, der Besucher wird damit sanft auf den Besichtigungsrundgang geleitet.

Im Museum kann immer nur ein Teil der Sammlung gezeigt werden, so konzentrierte man sich während der letzten Jahre unter anderem auf **Andy Warhol** mit der Ausstellung „Yes!Yes!Yes! Warholmania in Munich" und auch auf wichtige Werke des „Dark Pop", einer düsteren Strömung der Pop Art. Im Erdgeschoss wurden stark verunsichernde und beängstigende Werke des Amerikaners **Robert Gober** oder Werke seines Landsmannes **Mike Kelley** gezeigt, der dafür bekannt ist, die unheimliche Seite von gebrauchten Stoffpuppen zu thematisieren.

Das Untergeschoss ruft mit seiner lichten Höhe von bis zu 7 Metern geradezu nach der Aufstellung übermannshoher Kunstinstallationen: In den letzten Jahren wurden beispielsweise **Damien Hirsts** Regal mit insgesamt 27.683 bunten Tabletten (2002), **Louise Lawlers** 23 Meter breite Wandtapete „Plexi (adjusted to fit)" (2010/11) oder auch die großen Bilderzyklen und Skulpturen von **Günter Förg, Sigmar Polke**, **Andy Warhol** und **Franz West** ausgestellt.

Im Obergeschoss des Museums ist der Lepanto-Zyklus von **Cy Twombly** zu sehen. Er stellt die große und blutige Seeschlacht zwischen den christlichen Mittelmeermächten und dem Osmanischen Reich vor der griechischen Stadt Lepanto im Jahre 1571 dar. Die Präsentationsräume für die 2001 entstandene Serie von 12 großformatigen Bildern sind maßgeschneidert – der Eindruck trotz aller Ästhetik bedrückend. Neben diesem Werk wird der Besucher im Obergeschoss mit dem Luxus riesiger, bis zu 9 Metern hoher Räume inmitten einer sonst stark verdichteten Großstadt konfrontiert. Und mit der unglaublichen Schönheit von gigantischen Rosen, einem farbsprühenden Zyklus, den **Cy Twombly** extra für das Museum geschaffen hat. Überhaupt scheint Luxus das Wort zu sein, welches dieses Haus am besten beschreibt, seine räumlichen Qualitäten und die Ästhetik hochwertiger Materialien. Beim Hinausgehen blickt man zu seinem prominenten Gegenüber, zu dem von **Sep Ruf** erbauten Wohnhaus aus den 1950er Jahren, einem typischen Beispiel für die lichte und moderne Architektur jener Zeit. Es wurde nach einer Komplettrenovierung 1990 mit dem Fassadenwettbewerb der Landeshauptstadt München ausgezeichnet.

Adresse: Theresienstraße 35a ♿
Telefon: 089 / 23 805 22 86
Öffnungszeiten: Täglich außer Montag 10.00-18.00 Uhr, Donnerstag 10.00-20.00 Uhr
Bus 100 Sammlung Brandhorst
Museumsshop und Gastronomie „Horst"
www.museum-brandhorst.de

Ein außergewöhnlicher Bau: Das Museum Brandhorst wurde 2009 eröffnet.

FARBENPRACHT UND WISSENSCHAFT

Das Museum Reich der Kristalle

Direkt im Herzen des Kunstareals versucht sich die Natur selbst als künstlerische Gestalterin – oder wie kann man sich sonst all die farbenprächtigen, glitzernden, goldschimmernden oder fluoreszierenden Minerale, die im Museum Reich der Kristalle ihren Platz gefunden haben, erklären? Dunkelviolett leuchtende Amethyste, geheimnisvolle grüne Smaragde und geometrische Turmaline begeistern nicht allein den Mineralienkenner. In der Ausstellung erlebt der große und kleine Besucher nicht nur die Schönheit der natürlichen Kunstwerke, es wird auch deutlich, wie vielfältig Minerale verwendet werden können. Klangvolle Namen wie Saphir, Rubin, Diamant, Granat, Citrin oder Rauchquarz lassen an edle Schmuckstücke denken. Über die Verwendung von Mineralen und Kristallen in Medizin, Elektronikindustrie und Forschung, die einen weitaus größeren Raum einnimmt, kann man hier auch viel erfahren.

Das „Museum Reich der Kristalle" ist der öffentlich zugängliche Teil der Mineralogischen Staatssammlung in München, die zu den Staatlichen Naturwissenschaftlichen Sammlungen Bayerns gehört. Gut 100.000 Exponate gibt es dort heute. Die Anfänge gehen auf die Gründung der Bayerischen Akademie der Wissenschaften durch Kurfürst Max II. Joseph im Jahre 1759 zurück. Die Staatsammlung wurde 1802 in München gegründet, bestehend aus den Mineralien des Mannheimer Naturalienkabinetts sowie aus den Zweibrückener und den Rappoltsweiler Sammlungen. 1883 wurde Paul von Groth Direktor der Staatssammlung, zu deren Beständen nun auch die wertvolle Leuchtenberg-Sammlung aus Eichstätt gehörte. Bis zu ihrer Zerstörung gegen Ende des Zweiten Weltkriegs beherbergte die Alte Akademie an der Neuhauser Straße die Mineralogische Staatssammlung.

Heute befindet sich das kristallene Reich mitten im Kunstareal, in einem Gebäude des Departments für Geo- und Umwelt-Wissenschaften der Ludwig-Maximilians-Universität. Die Dauerausstellung gliedert sich in zwei Bereiche: einen separaten Ausstellungsraum sowie Vitrinen und Schautafeln im Foyer, vor dem großen Hörsaal der Geowissenschaften/Mathematik. Nicht alle Exponate wird man gleichzeitig bewundern können, die Ausstellungsfläche ist begrenzt. Es finden ständig Sonderausstellungen statt, welche die Dauerausstellung ablösen oder ergänzen. Daher lohnt es sich, öfter vorbei zu schauen. Die wissenschaftliche Atmosphäre der geowissenschaftlichen und mathematischen Institute in unmittelbarer Nachbarschaft wirkt sehr inspirierend. Mancher Besucher träumt vielleicht davon, hier, beim Anblick der Steine endlich zu erfahren, „was die Welt im Innersten zusammenhält" (Goethe, Faust I). Erleben kann er zumindest, was auf die Welt von außen einwirkt, denn es gibt eine Meteoritensammlung mit besonders wertvollen Steinmeteoriten von Mond und Mars und einen 285 kg schweren Eisenmeteoriten, den man auch anfassen darf.

Höhepunkt des Besuches ist sicher die Demonstration der Fluoreszenz von Kristallen, die, verborgen hinter einem Vorhang, von ultraviolettem Licht angestrahlt werden und grellgelb, dunkelblau, violett oder sattrot zu leuchten beginnen. Taucht man sie in normales weißes Licht, zeigen sie wieder ihre ursprünglichen Farben.

Das „Reich der Kristalle" präsentiert spezielle Vitrinen sowie Führungen und Aktionstage für Kinder und Jugendliche. Mit seinen umfangreichen museumspädagogischen Angeboten will es Lehrkräften in Chemie und Geographie zur Seite stehen. Auch eine enge Zusammenarbeit mit anderen Museen auf dem Kunstareal gibt es und dann geht es nicht mehr darum, wie die Natur als Künstler tätig war, sondern wie der Mensch edle Steine und Metallerze zu seinen Kunstwerken formt.

Nicht versäumen!

- *Geologische Karte von Bayern mit Lagerstätten/ Fundstellen von Mineralien*
- *Verkieselte Baumstümpfe des „Petrified Forest" von Arizona*
- *Leuchtenberg-Smaragd aus der Sammlung Leuchtenberg*

Adresse: Theresienstraße 41 ♿
Telefon: 089 / 21 804 312
Öffnungszeiten: Dienstag-Sonntag 13.00-17.00 Uhr
Tram 27/28 Pinakotheken und
Bus 100 Sammlung Brandhorst

www.mineralogische-staatssammlung.de

ÄGYPTISCHE KUNST UND EINE HIMMELSTREPPE

Das Museum Ägyptischer Kunst und die Hochschule für Fernsehen und Film

Eine relativ kleine Tür führt durch die hohe massive Portalwand. Auf den ersten Blick mag sie an ägyptische Göttertempel am Nil erinnern, die über 2000 Jahre v. Chr. errichtet wurden, sie ist aber aus Beton. Durchschreitet man sie, erhält man Einlass in die Welt des Alten Ägypten, mit großartigen Götterbildnissen, Stand-Schreitfiguren, Scheintüren, einem Obelisken und natürlich mit Gold – dem „Fleisch der Götter".

Das Staatliche Museum Ägyptischer Kunst in München wurde als unterirdisches Bauwerk mit einem Lichthof direkt vor und im Zusammenhang mit der Staatlichen Hochschule für Fernsehen und Film errichtet. Die transparente, geradezu schwebende Fassade der Hochschule bildet den wirkungsvollen Hintergrund für die Portalwand. Auf dem Rasen vor der Hochschule, der das unterirdische Museum bedeckt, kann sich ein riesiger silberner „Besucher" vor Neugier kaum zurückhalten und schickt seinen roten Sehstrahl bereits in den unter ihm liegenden Museumssaal.

Die zeitgenössische Architektur von **Peter Böhm Architekten**, die so gut zu unseren Vorstellungen ägyptischer Bauwerke zu passen scheint, bedient sich eines besonderen Kunstgriffs. Der Sichtbeton, aus dem Portalwand, Treppe und Sockelgeschoss der zum Ensemble gehörenden Filmhochschule bestehen, assoziiert ein massives Quadermauerwerk aus Sandstein. Erreicht wurde der Effekt dadurch, dass dem Beton verschiedenfarbige Zuschlagstoffe beigegeben wurden: eine Schicht bekam porphyrhaltige, rötlich schimmernde Mineralien, die nächste nicht, die nächste wieder und so fort. Wie das Material, so spielen auch die klaren, monumentalen Architekturformen mit Anklängen an die Bauten des Alten Ägyptens, sind dabei aber nie ägyptisierend.

Der Bauplatz hat seine eigene Geschichte: In der NS-Zeit wurde die Bebauung aus dem 19. Jahrhundert abgerissen, um Platz für den Ausbau des NSDAP-Parteiviertels zu schaffen. Ein riesiges „Kanzleigebäude" sollte hier gebaut werden. Es wurde nie fertig gestellt. Nach dem Zweiten Weltkrieg entstanden Erweiterungsbauten der TU München - die Fakultät Mathematik. Als schließlich klar wurde, dass diese Bauten asbestverseucht sind, lohnte sich ihre Sanierung nicht mehr. Die Fakultät zog nach Garching und machte Platz für den Neubau von Filmhochschule und Ägyptischem Museum. Letzteres war vorher jahrelang in der Münchner Residenz beheimatet gewesen.

Die Hochschule für Fernsehen und Film, an der u.a. die Oscar-Preisträger Caroline Link und Florian Henckel von Donnersmarck studiert haben, feierte 2007 ihr 40-jähriges Bestehen, im selben Jahr wurde auch der Grundstein für den Neubau im Kunstareal gelegt. Im Herbst 2011 eröffnete die Filmhochschule ihr neues Domizil. Im Frühsommer 2013 folgte das Ägyptische Museum. Der lang gestreckte Baukörper der Hochschule entspricht den Dimensionen und der Orientierung

Eingang zum Museum Ägyptischer Kunst.

der Alten Pinakothek, die sich sogar in der gläsernen Fassade spiegelt. Im Haus ist Platz für alle Fachbereiche, für drei Kino-Hörsäle, zwei TV-Studios, zwei Filmstudios und einen kompletten Postproduktionstrakt. Erschlossen wird das Gebäude im Inneren durch die „Himmelstreppe", die sich über fünf Geschosse erstreckt. Mit ihrer Ankunft im Herzen des Münchner Kunstareal öffnet die HFF München ihre Türen nicht nur regelmäßig für die interessierte Öffentlichkeit oder lädt zum Kino-Open-Air auf der Innenhof-Wiese (aktuelle Termine auf www.hff-muenchen.de), sondern ist auch Spielstätte verschiedener Festivals, darunter das Filmfest München und das DOK.fest (Internationales Dokumentarfilmfestival) München, für Preisverleihungen, Vorträge und Kunstfeste. Doch auch ein kurzer Blick in das Foyer des Hauses lohnt sich, zum Beispiel beim Spaziergang über das Kunstareal, sei es, um die „Himmelstreppe" zu bewundern oder um zukünftigen Filmpreisträgern einmal ganz nah zu sein.

Es ist Ludwig I. der schon als Kronprinz 1815 ägyptische Exponate kauft und diese dann auch der Öffentlichkeit zugänglich macht. Sie sollen im „Ägyptischen Saal" der Glyptothek im Vergleich zu griechischen und römischen Werken ausgestellt werden. Wie der von ihm verehrte Johann J. Winckelmann, so sah auch Ludwig I. – als einer der

Wunderschöne Exponate in hellem und weitläufigem Ambiente.

Wenigen – in den ägyptischen Kunstwerken die Voraussetzung für die Rundplastiken der Griechen und Römer. Leo von Klenze ersteigert für Ludwig I. ägyptische Kunst in Paris, darunter den Obelisken des Titus Sextius Africanus und einige Statuen aus der Villa Hadriana in Tivoli. München wird nun neben London, Paris, Turin und Berlin zu einem der wichtigsten Orte ägyptischer Kunst in Europa. Parallel dazu wird ägyptische Kunst von der Königlich Bayerischen Akademie der Wissenschaften erworben sowie von zahlreichen Mäzenen, die auch im 20. Jahrhundert die Sammlung weiter ausbauen. Das Staatliche Museum Ägyptischer Kunst in München wurde 1966 als „Ägyptische Sammlung des Bayerischen Staates" gegründet.

Gerade die ägyptische Kunst hatte es im Verständnis des 19. Jahrhunderts – in welchem die ersten öffentlichen Museen entstanden - und im Vergleich mit der griechischen Kunst nicht immer leicht. Nach dem Ägyptischen Museum in Berlin ist das Museum in München die zweitwichtigste ägyptische Sammlung in Deutschland. Zudem ist es das einzige Museum, welches den Schwerpunkt auf die Kunst des Alten Ägyptens legt, beginnend mit der Vorgeschichte um 4000 v. Chr., über das Alte, Mittlere und Neue Reich, bis zu den Kopten und zu ägyptisierenden Exponaten aus der Römerzeit im 1. Jahrhundert n. Chr.

Die museale Konzeption des Ägyptischen Museums bietet eine sowohl chronologische als auch eine – und das ist auch etwas ganz besonders: thematische Annäherung an die ferne Welt. Der Besucher wird bei seinem Rundgang zunächst in die Räume um den Lichthof geführt, mit den Abteilungen „Kunst und Form" sowie „Kunst und Zeit". Anhand von Vergleichsbeispielen wird er hier animiert, sich das Alte Ägypten über das Sehen zu erschließen. In den anschließenden thematischen Räumen geht es um so zentrale Bereiche wie die Pharaonen, den „Jenseitsglauben", mit kunstvollen Grabbeigaben und bemalten Sarkophagen sowie um Schrifttum, Kunsthandwerk oder um Ägypten im kaiserzeitlichen Rom.

Angekommen in der ägyptischen Schatzkammer ist man überrascht von der Fülle des Lichts. Es gibt mit natürlichem Licht beleuchtete Säle, sie gruppieren sich um den Lichthof und Ausstellungssäle, in denen die hohen Glasvitrinen durch das künstliche Licht besonders mystisch zu schim-

Im Foyer der Hochschule für Fernsehen und Film.

mern scheinen. Im ganzen Haus wird deutlich, dass Beton auch ein sehr edler Baustoff sein kann. Feinporig und glatt bietet er eine Materialästhetik der besonderen Art, wie man sie auch in der Pinakothek der Moderne findet. Die Innenarchitektur des Museums stammt vom erfolgreichen Münchner Büro für Ausstellungsgestaltung „Die Werft".

In die Ausstellung wird der Besucher über eine lange Rampe hinab geleitet. Er trifft zuerst auf die lebensgroße Statue des falkenköpfigen Gottes Horus aus Granit (Neues Reich, 18. Dynastie, um 1370 v. Chr.), ein Exponat das 1636 in Rom entdeckt wurde. Ludwig I. kaufte es 1815, es war seine erste Anschaffung von ägyptischer Kunst, sie wurde zunächst im „Aegyptischen Saal" der Glyptothek aufgestellt. Unmittelbar darüber leuchtet die Neon-Schrift des Künstlers Maurizio Nanucci „ALL ART HAS BEEN CONTEMPORARY". Nanucci ist im Kunstareal auch an einer anderen Stelle präsent: mit einem Schriftzug an der Fassade des Lenbachhauses.

Im ersten Museumsraum „Kunst und Form", der zum Lichthof orientiert ist und dessen Stirnseite das Fragment eines Löwen ziert, findet man die Paarstatue des Sabu und seiner Gattin Meretites (Altes Reich, 5. Dynastie, um 2400 v. Chr.). Beobachtet man genau, sieht man ein Beispiel für das Mit- und Nebeneinander der Geschlechter im Alten Ägypten: die deutlich feineren und helleren Gesichtszüge der Frau – sie hatte eine gleichberechtigte, ja als „Herrin des Hauses" sogar dominierende Stellung – und daneben ihren

Im Spiegel der Glasfassade … die Alte Pinakothek!

eher angespannt wirkenden Mann. Im Saal, der genau gegenüber am Lichthof liegt, steht der ägyptisierende Torso des Antinous (Römerzeit, um 135 n. Chr.), eines Geliebten des Kaisers Hadrian. Auf einer gemeinsamen Ägyptenreise, ertrank der jugendliche Antinous im Nil. Zur Erinnerung errichtete der Kaiser in seiner Villa Hadriana in Tivoli ein Heiligtum für ägyptische Gottheiten, einige davon kann man auch in München bewundern.

Weiter geht es zu Räumen, die nicht direkt am Lichthof liegen, hier fällt der Blick sofort auf die prachtvolle Sargmaske der Königstochter Satdjehuti (Neues Reich, 17. Dynastie, um 1600 v. Chr.) aus vergoldetem Sykomorenholz, Marmor und Obsidian. In den Abteilungen „Ägypten in Rom" oder „Nach den Pharaonen" wird deutlich, wie die ägyptische Kunst die christliche Ikonographie prägte, Darstellungen der Göttin Isis wurden zum Vorbild für die Darstellung der Muttergottes.

Bevor man durch die nahezu einzigartige Abteilung „Nubien und Sudan" wieder dem Tageslicht entgegen strebt, gibt es eine museumsdidaktisch äußerst gelungene Präsentation, nämlich „Ägypten erfassen". Hier kann der Besucher endlich die Skulpturen, die er vorher allein mit dem Auge wahrnehmen konnte, betasten und „begreifen". Auch gibt es originale Gesteinsproben der Steine sämtlicher Exponate, die nun auch zum haptischen Erleben einladen. Ein Angebot, das sicher nicht nur bei jugendlichen Besuchern oder Sehschwachen sehr gut ankommt. Zum Abschluss geht es über einen Abstecher durch den vor allem „ägyptisch sortierten" Museumsshop, zurück zum Kunstareal, oberirdisch.

Nicht versäumen!

- *Doppelstatue des Königs Ni-user-Rê (Altes Reich, 5. Dynastie)*
- *Portrait von Sesostris III. um 1850 v.Chr. (Mittleres Reich, 12. Dynastie)*
- *Statue eines Falkengottes um 500 v. Chr. (Spätzeit, 27. Dynastie)*

Staatliches Museum Ägyptischer Kunst

Adresse: Gabelsbergerstraße 35 ♿
Telefon: 089 / 28 927 630
Öffnungszeiten: Täglich außer Montag 10.00–18.00 Uhr, Dienstag 10.00–20.00 Uhr
Tram 27/28 Pinakotheken
Museumsshop

www.aegyptisches-museum-muenchen.de

Hochschule für Fernsehen und Film München

Adresse: Bernd-Eichinger-Platz 1 ♿
Telefon: Direktion 089 / 68 95 70
Tram 27/28 Pinakotheken

www.hff-muenchen.de

WAS GIBT ES NOCH ZU ENTDECKEN IM KUNSTAREAL?

DAS KUNSTAREAL VON OBEN

Die Technische Universität und das Vorhoelzer Forum mit seinem Café

Der quadratische Turm mit großer goldener Uhr und kupferner Fassadenverkleidung fällt auf. Er steht an der Gabelsbergerstraße, ist 37 Meter hoch und wurde zum Wahrzeichen der TU München. Erbaut hat ihn 1916 **Friedrich von Thiersch**, der Architekt des Münchner Justizpalastes. Turmbauten standen in jener Zeit im Fokus, wie auch der 1911/12 im Rohbau fertig gestellte Turm des Deutschen Museums von Gabriel von Seidl zeigt.

Westlich der Alten Pinakothek, in einem Quartier zwischen Gabelsberger-, Arcis-, Luisen- und Theresienstraße liegt der Campus der TU München und gleichzeitig ihr Stammgelände. Sie wurde durch König Ludwig II. als „Polytechnische Schule" gegründet. Das erste TU Gebäude entwarf **Gottfried von Neureuther** in den Jahren 1864-68 nach dem Vorbild der Eidgenössischen Technischen Hochschule Zürich und im Stil der Neorenaissance. Der Architekt wurde zum ersten Professor für „Höhere Baukunst" an der TU München berufen. Sein Nachfolger wurde 1882 Friedrich von Thiersch. Die „Königlich Bayerische Technische Hochschule", wie die Einrichtung seit 1877 hieß, hatte in jener Zeit 600 Studierende und war führend in der Architekturausbildung. 1970 erfolgte die Umbenennung der TH München in „Technische Universität München". Heute gehört die TU München zu den deutschen Exzellenz-Universitäten, sie ist die einzige Technische Universität in Bayern und mit 13 Fakultäten und ca. 38.500 Studenten eine der größten in Deutschland.

An der Arcisstraße, zum Kunstareal hin, wird das Hauptgebäude der Universität symmetrisch von den beiden so genannten „Bestelmeyerbauten" gerahmt. Die monumentalen Baukörper in Formen der Neorenaissance entstanden 1922-26 durch **German Bestelmeyer**. Der ursprüngliche Neureuther-Bau wurde im Krieg zerstört, das neue Hauptgebäude in den Jahren 1948-54 von **Robert Vorhoelzer** erbaut. Vorhoelzer steht wie kein anderer Architekt für Bauten der klassischen Moderne in München, insbesondere für die so genannte „Münchner Postbauschule". Für den Wiederaufbau der Stadt schlug er radikal moderne Flachbauten und Hochhäuser vor.

Der Weg zum Haupteingang der TU München führt durch einen quadratischen Innenhof, wo linker Hand eine Büste des **Vitruvius**, einem römischen

Der „Thiersch-Turm", das Wahrzeichen der Technischen Universität München an der Gabelsbergerstraße.

Architekten und Militäringenieur aus dem 1. Jahrhundert v. Chr. steht, vorbei. Mit der „Vitruvianischen Trias" definierte er die drei wesentlichen Bestandteile von Architektur: Firmitas (Festigkeit), Utilitas (Nützlichkeit) und Venustas (Schönheit).

Blickt man geradeaus, am Studenten-Service-Zentrum (SSZ) vorbei und unter der Universitätsbibliothek hindurch, sieht man das Audimax, den Werner-von-Siemens- Hörsaal der TUM, entworfen 1987 von **Rudolf Wienands**.

Dem Kunstareal-Besucher sei es aber nun empfohlen, sich nach links zu wenden und mit dem Aufzug in die oberste Etage des Hauptgebäudes zu fahren. Dann landet man direkt im **Café Vorhoelzer**, einem Höhepunkt des Besuches – im wahrsten Sinne des Wortes. Hier, in der Dachetage, befindet sich das so genannte **„Vorhoelzer Forum"** der Fakultät Architektur, eine Hommage an den Baumeister der Moderne. Neben studentischen Arbeitsplätzen und einem Veranstaltungssaal gibt es eine Dachterrasse mit großartigem Panorama der Münchner Innenstadt – bei Föhn sogar bis zu den Alpen. Von der Dachterrasse des 2010 hier eingerichteten „Café Vorhoelzer" ist der Blick auf das Kunstareal natürlich besonders genussvoll. An Sommerabenden geradezu ein Muss.

Technische Universität München

Adresse: Arcisstraße 21
Telefon: 089 / 28 901
Tram 27/28 und Bus 100 Pinakotheken
www.tum.de

Café im Vorhoelzer Forum

Adresse: Arcisstraße 21, Haupteingang TUM / Gang links / Aufzug bis 5. OG
Telefon: 0163 – 15 24 758
www.vf.ar.tum.de/cafe-im-vorhoelzer-forum

Blick von der Terrasse des Café Vorhoelzer über das Audimax der TUM auf die Stadt.

BAYERN, FRANKREICH UND AMERIKA

Das Amerikahaus am Karolinenplatz

Der kreisrunde Karolinenplatz ist heute, nach den Zerstörungen im Zweiten Weltkrieg, von neueren Bauten umgeben. Der Platz selbst wurde zum Kreisverkehr. Seine Geschichte und seine Geometrie sind immer noch spannend: Als erster „Strahlenplatz" Münchens wurde er 1809 fertig gestellt. Die Planung erfolgte im Zusammenhang mit dem Bau der Maxvorstadt von **Carl von Fischer** und **Friedrich Ludwig von Sckell**. Diese zeichnet sich durch ein quadratisches Straßenraster, ein so genanntes hippodamisches System, aus. Carl von Fischer versuchte an mehreren Stellen, den starren Rasterplan durch Plätze und Diagonalen zu durchbrechen. Der klassizistische Karolinenplatz war einst Bestandteil des „Wittelsbacher Fürstenweges" – der heutigen Brienner Straße. Von der Münchner Residenz zum Schloss Nymphenburg führte dieser in der Folge vom Odeonsplatz über den Wittelsbacherplatz, den Karolinenplatz, den Königsplatz und den Stiglmaierplatz (ehemaliger Kronprinzenplatz) über die heutige Nymphenburger Straße, durch die Ortschaft Neuhausen bis hin zum Schloss.

Der Obelisk von **Leo von Klenze** im Zentrum des Platzes steht für die im Russlandfeldzug Napoleons gefallenen Bayern. Er ist aus Backsteinen gemauert und mit Bronzeplatten verkleidet. Kommt man näher, kann man den viereckigen Bronzesockel betrachten, der nach antikem römischen Vorbild mit Widderköpfen und Girlanden aus Eichenlaub geschmückt ist, und dann die Inschrift lesen: *„Den dreyssig tausend Bayern die im russischen Kriege den Tod fanden"*. Die Straßennamen rundherum verweisen auf eine andere Seite der Beziehungen beider Länder: die Namen „Brienner" und „Barer" stehen für Orte, an denen Befreiungsschlachten gegen Napoleon geschlagen wurden.

Doch nicht nur die bayerisch-französischen Beziehungen werden hier thematisiert, auch die Verbindungen zwischen Bayern und Amerika. An der Südwestseite des Karolinenplatzes steht ein weißes, kubusförmiges Haus mit nahezu quadratischen Fensteröffnungen und einem zylindrischen Dachaufsatz. Über dem Eingang verrät eine bronzene Tafel mit goldener Schrift worum es sich hier handelt, um das „Amerika-Haus". Erbaut wurde es von **Karl Fischer** und **Franz Simm**. Die Architekten nahmen die Proportionen des 1810 durch Carl von Fischer errichteten Vorgängerbaus auf. An dieser Stelle stand bis zu seiner Kriegszerstörung das Palais Lotzbeck, es befand sich seit 1934 im Besitz der NSDAP, welche in der Maxvorstadt ihre Parteizentrale einrichten wollte. Der Neubau zeichnet sich durch gemäßigt moderne Formen, mit klassizistischen Anklängen aus. Als gestalterische Anlehnung an das Palais sind zwei architektonische Schlüsselmotive des zerstörten Baus zu finden, nämlich der quadratische Grundriss und die in allen Ansichten vorhandenen sieben Fensterachsen. Dominierendes gestalterisches Element im Inneren ist ein Lichthof, der sich durch alle Stockwerke zieht und , von einer Glaskuppel überdacht ist.

Seit 1948 war das Amerikahaus – eine Einrichtung der United States Information Agency (USIA), also der Informationsagentur der Vereinigten Staaten – provisorisch im ehemaligen „Führerbau" an der Arcisstraße untergebracht. Am 13. Mai 1957 wurde es als das Amerikahaus an prominenter Stelle, auf dem Grundstück am Karolinenplatz 3 eröffnet. Mit einem Auditorium von 500 Plätzen, einer Bibliothek mit Kinderbibliothek sowie Vortrags- und Seminarräumen ausgestattet, entwickelte es sich als kulturelle Einrichtung hervorragend und nachhaltig. Bis heute ist hier die Stiftung Bayerisches Amerikahaus gGmbH (Bavarian Center for Transatlantic Relations) untergebracht – die größte Institution in Deutschland, die sich der Pflege der transatlantischen Beziehungen widmet. Die Bedeutung der Verbundenheit zwischen den USA, Kanada und Deutschland, hier speziell Bayern, soll vor allem der jüngeren Generation vermittelt werden. Das Amerikahaus dient als Begegnungs- und Forschungseinrichtung und ist Sitz verschiedener Vereine, die mit der transatlantischen Thematik befasst sind. Es bietet ein öffentliches Vortrags- und Veranstaltungsprogramm mit Lesungen, Konzerten, Film- und Theateraufführungen sowie wechselnde Ausstellungen. Interdisziplinäre Konferenzen und Podiumsdiskussionen zu aktuellen Themen finden dort regelmäßig statt. Zudem ist es ein offizielles EducationUSA Center und damit Teil des weltweiten Netzwerkes von unabhängigen Studienberatern zu den USA.

Bis voraussichtlich 2017 wird das Gebäude am Karolinenplatz generalsaniert. Das Amerikahaus ist für die Zeit der Generalsanierung in Interimsräume nur zwei Gehminuten entfernt in die Barer Straße 19a gezogen – direkt neben der Trambahnhaltestelle „Karolinenplatz".

Adresse: Karolinenplatz 3 ♿
Telefon: 089 / 55 25 370
Öffnungszeiten: Montag-Freitag
10.00–17.00 Uhr, Mittwoch 10.00–20.00 Uhr
Bei Veranstaltungen gelten andere Öffnungszeiten
Tram 27/28: Karolinenplatz
www.amerikahaus.de

Das Amerikahaus wurde 1957 am Karolinenplatz eröffnet.

AMERIKA
HAUS

ARCHITEKTUR ZUR DISKUSSION

Architekturbuchhandlung L. Werner und Architekturgalerie München e.V.

Direkt gegenüber dem Museum Brandhorst steht ein markanter Bau: eine auffällige Fassade mit Rundbogenfenstern aus roten und gelben Ziegeln im Wechsel. Das Haus wurde um 1840 erbaut. Wie das nahegelegene Palais Dürkheim – an der Türkenstraße 4 – gilt es in München als eines der wenigen erhaltenen Beispiele für die Wiederbelebung der Ziegelmauertechnik und deren Dekoration aus Terrakotta. Besitzer und Erbauer war der Maurermeister Johann Friedrich Schöpke, die Architektur ist inspiriert von Bauten Franz Jakob Kreuters und Friedrich von Gärtners.

Auf dem rechten Rundbogen im Erdgeschoss liest man: „Architekturbuchhandlung". Dahinter meterhohe Buchregale mit Kostbarkeiten, die jedes Architektenherz höher schlagen lassen. Die Architekturbuchhandlung L. Werner geht auf die 1878 gegründete „Buchhandlung für Architektur, Kunst und Kunstgewerbe" von Louis Werner in der Residenzstraße 17 (heute Residenzstraße 18) zurück. Bereits seit ihrer Gründung 1992 befindet sich die Fachbuchhandlung für Architektur – eine der wenigen Spezialisten zu allen Fragen der gebauten Umwelt – in der Türkenstraße 30. Und wo wäre sie besser aufgehoben als im Kunstareal, einem Brennpunkt moderner Architektur? Auch die Mitglieder der Architekturgalerie München e.V., eines gemeinnützigen Vereins, der seit 1989 besteht, hatten ein Gespür für die Örtlichkeit und ziehen ebenfalls 1992 vom St.-Anna-Platz in das Gartenhaus im Rückgebäude der Buchhandlung. Dieser Verein versteht sich als Plattform für die öffentliche Diskussion über Architektur, Design und Stadtplanung. Zahllose Ausstellungen, Vortragsabende und Buchvorstellungen sorgen für einen lebendigen Austausch über die gebaute Umwelt der Gegenwart, über Stadträume und die Planung zukünftiger Lebenswelten. Auch für architekturverwandte Themenfelder ist Platz, für Fotografie, Bühnenbild und Videokunst. Und wenn man vor lauter Ideen und Diskussionen über Architektur und Stadtbaukunst den Überblick verliert, dann hilft das beeindruckende Angebot an Architekturbüchern in der Buchhandlung in jedem Fall weiter.

Architekturbuchhandlung und Architekturgalerie befinden sich seit 1992 in der Türkenstraße.

Adresse: Türkenstraße 30 ♿

Telefon: 089 / 280 54 48 und 28 28 07

Öffnungszeiten: Montag–Samstag 9.30–19.00 Uhr

Tram 27/28: Pinakotheken, Bus 100: Sammlung Brandhorst

www.buchhandlung-werner.de
www.architekturgalerie-muenchen.de

EIN AUFTAKT FÜR DAS KUNSTAREAL

Die Evangelisch-Lutherische Gemeinde- und Universitätskirche St. Markus

Kommt man vom Odeonsplatz über die Ludwigstraße zum Kunstareal ist der Zugang aufgrund der aktuellen Verkehrssituation zwar nicht ideal, doch dafür geht es am zweiten evangelisch-lutherischen Kirchenbau Münchens vorbei. Das rot-weiße Gebäude mit seinem dominierenden Kirchturm ist zugleich Zeugnis der Kirchen- als auch der Architekturgeschichte.

Der erste evangelische Gottesdienst in München fand am 12. Mai 1799 in Schloss Nymphenburg statt. Hintergrund war das Bestehen auf Religionsausübung seitens der zweiten Ehefrau von Max I. Joseph, der badischen Prinzessin Karoline. Diverse Kirchenbaupläne folgten, fanden aber erst ihre Umsetzung unter Ludwig I., denn auch seine Gemahlin Therese von Sachsen – Hildburghausen war Protestantin und blieb im katholischen Bayern zeitlebens ihrer Konfession treu. Ludwig I., obwohl überzeugt katholisch und um die Rekatholisierung Bayerns bemüht, was sich unter anderem in seiner Klostergründung von St. Bonifaz zeigt, billigte schließlich den spätklassizistischen Entwurf vom Baurat **Johann Nepomuk Pertsch** für St. Matthäus. 1833 wurde die erste „Protestantische Kirche München" in der Nähe des Stachus, an der Sonnenstraße, auf Höhe der Herzogspitalstraße, geweiht.

Vierzig Jahre später, 1873–76 wurde mit St. Markus die zweite evangelische Kirche in München erbaut. Hintergrund für ihren Bau war die sich ständig vergrößernde evangelische Gemeinde Münchens: St. Matthäus war zu klein geworden. Der Bauplatz an der Gabelsbergerstraße war jedoch bereits von Bürgerhäusern gesäumt und ließ dem Bau keine großen Entwicklungsmöglichkeiten. Die Frage nach der Vorherrschaft katholischer oder protestantischer Gemeinden wurde im 19. Jahrhundert oft durch die Vergabe von Baugrundstücken geführt. Immerhin, der Platz lag gegenüber dem einstigen Wittelsbacher Palais und damit sehr zentral. 1877 wurde die „II. Protestantische Kirche München" geweiht. Ihr Aufbau entsprach den Regeln des Eisenacher Regulativs von 1861, einer Bauvorschrift für Protestantische Kirchen in Deutschland. Diese sah unter anderem eine Ostung des Chors sowie ein langes rechteckiges Hauptschiff, also keinen Zentralbau vor,

St. Markus, mehr als ein markantes Gebäude als Eingang zum Kunstareal.

empfohlen wurde auch der (neo)gotische Stil. Der Architekt von St. Markus, **Rudolf Gottgetreu**, verwirklichte die Bauvorgaben und die Kirche entstand in neogotischen Formen. Nach Umbauten in den 1930er Jahren, bei denen die Kirche durch **German Bestelmeyer** „entgotisiert" werden sollte, wurde sie im Zweiten Weltkrieg schwer zerstört und anschließend geplündert.

Der Wiederaufbau erfolgte von 1955–57 durch **Gustav Gsaenger**. Die neogotischen Formen wurden bis auf das Eingangsportal und einige Fensterformen nicht wieder aufgenommen, jedoch die Orientierung des Grundrisses. Der Kirchturm entstand neu, der Außenbau erhielt eine Fassadengliederung aus Beton. Die Farbgebung in Rot und Weiß verbindet die Kirche mit St. Matthäus, die ebenfalls durch Gustav Gsaenger nach ihrem Abriss 1938 wiederauferstand. Die Konzeption von St. Markus bleibt aber deutlich konventioneller und dem historischen Vorbild verpflichtet.

St. Markus ist heute Sitz des Evangelisch-Lutherischen Dekanats München. Sie ist Gemeindekirche und evangelische Universitätskirche für alle Hochschulen in München.

Als Kirche ist sie ein signifikanter Auftakt für das Kunstareal im Osten, in dem Gottesdienste, Mittagsgebete und meditative Tagesausklänge wie „Musik und Stille" stattfinden sowie Zentrum ganz unterschiedlicher Begegnungen und Veranstaltungen. Zusätzlich zum Gemeindeleben gibt es hier ein reiches Programm an Orgel- und Chorkonzerten, kulturellen Veranstaltungen und Ausstellungen. Die musikalischen Veranstaltungen haben eine ganz besondere Qualität, denn St. Markus ist Heimstatt für den 1986 gegründeten Markus-Chor München und den über die Gemeindegrenzen hinaus bekannten Posaunenchor. Die musikalische Tradition geht zurück auf Karl Richter, der von 1951–81 Kantor an St. Markus war. Die Kirche ist nicht nur ein Ort der klassischen und Neuen Musik, sondern auch der bildenden Kunst, wie beispielsweise beim Kunstprojekt „artionale – Tage für Gegenwartskunst und Neue Musik in evangelischen Kirchen Münchens", das alle drei Jahre stattfindet. Im Rahmen von Veranstaltungen im Kunstareal München, zum Beispiel bei der „Langen Nacht der Münchner Museen" oder in Kooperation mit der Pinakothek der Moderne mit der Reihe „Das Ewige im Jetzt – Musik, Religion und Kunst im Dialog".

Adresse: St. Markus Kirche ♿
Evangelisch-Lutherische Gemeinde- und Universitätskirche St. Markus Gabelsbergerstraße 6
Telefon: 089 / 28 67 690
Tram 27/28 Pinakotheken und Bus 100 Sammlung Brandhorst

www.st-markus-m.de

EINE „KORINTHISCHE" KIRCHE

Die Benediktinerabtei St. Bonifaz

Vieles an diesem Ort ist ungewöhnlich: ein Benediktinerkloster, das sich inmitten einer Stadt und nicht, wie es die Benediktiner bevorzugten, auf einem Berg befindet. Ein bayerischer König als Klostergründer – im ersten Drittel des 19. Jahrhunderts. Eine fünfschiffige Basilika, die im Inneren zu einem Zentralbau wurde. Und die Aufzählung der Besonderheiten könnte weiter gehen: Eine eher dezentral

Abtei- und Pfarrkirche St. Bonifaz.

gelegene Kirche, die wenig im Blickpunkt der Besucher des Kunstareals ist, aber den Sarkophag des kunstsinnigen Königs Ludwig I. – dem eigentlichen Begründer des Areals – und seiner Ehefrau Therese von Sachsen - Hildburghausen beherbergt.

An der Karlstraße 34, im Rücken des Gebäudes der Staatlichen Antikensammlungen steht die „korinthische Kirche" St. Bonifaz – eine Idee von Leo von Klenze. Sie sollte eigentlich auf dem Königsplatz stehen. An ihre Stelle trat hier das 1845 fertig gestellte „Kunst- und Industrie-Ausstellungsgebäude". Für das Kloster St. Bonifaz war von Ludwig I. bereits im Jahre 1835 der Grundstein gelegt, als Beitrag zur Wiederbelebung klösterlichen Lebens in Bayern nach der Säkularisation. Die Gründung vollzog sich im Rahmen des Konkordats zwischen dem Heiligen Stuhl in Rom und dem Königreich Bayern aus dem Jahre 1817. Die bauliche Umsetzung des Klosters oblag **Georg Friedrich Ziebland**. 1850 wurden Kirche und Kloster feierlich geweiht. Ein Dreiklang, bestehend aus Religion (Kirche), Wissenschaft (Stiftsbibliothek) und Kunst (Ausstellungsgebäude Königsplatz) war somit vollzogen. Die Fassade der Kirche aus rotem Backstein ist dominiert von Rundbögen, getragen von korinthischen Säulen aus Kalkstein. Sie erinnert an frühchristliche Kirchen in Italien. Vorbilder waren Sant Apollinare in Classe, Ravenna, und vor allem Sankt Paul vor den Mauern in Rom.

Die innerstädtische Lage von St. Bonifaz, die dem Kloster keine angrenzenden landwirtschaftlichen Flächen gewähren konnte, führte zu einem Kompromiss der besonderen Art: Ludwig I. kaufte das 1803 säkularisierte Kloster Andechs mit zu-

Die 1976/77 errichtete Orgel mit 3.341 Pfeifen, darüber Bildtafeln mit Szenen aus der Heiligen Schrift (1993/94) von Peter Burkart.

gehörigen Ackerflächen und schenkte es der Abtei St. Bonifaz. Beide Klöster stehen bis heute in enger Verbindung, Andechs ist ein von St. Bonifaz abhängiges Priorat.

Die alte Basilika St. Bonifaz wurde im Zweiten Weltkrieg in den Jahren 1944/45 weitgehend zerstört. Der Wiederaufbau erfolgte schrittweise und in veränderter Form, ab 1949/50 zunächst von **Hans Döllgast**. Die neue Basilika St. Bonifaz sieht von außen beinahe wie die alte Basilika aus, sie umfasst aber nur den südlichen Teil der einstigen Kirche, ist daher deutlich kürzer und im Inneren ein moderner Zentralraum, ohne neoromanische Ausstattung. Seit den 1970er Jahren steht das Pfarrzentrum, ein strenger Betonfertigteilbau von **Theodor Horn**, auf dem nördlichen Teil der einstigen Kirche. 1970 wurde die Basilika mit modernen Kunstwerken von **Christine Stadler** und 1996 mit weiteren von **Peter Burkart** und **Friedrich Koller** ausgestattet.

Neben der Kirche ist es die Bibliothek, die beeindruckt: Die Pflege der Wissenschaft ist wesentlicher Bestandteil des Stiftungsauftrages von Ludwig I., die Präsenzbibliothek nach Anmeldung frei zugänglich. Sie ist eine der größten Privatbibliotheken in Bayern mit über 200.000 Bänden. Bedeutende Äbte und Bibliothekare prägten ihre Geschichte, wie zum Beispiel Daniel Bonifaz Haneberg (Abt von 1854-1872), dem eine Gedenktafel in Nähe der Klosterpforte gewidmet ist. Er förderte vor allem die Bereiche Exegese und Orientalistik.

Heute leben 12 Mönche im Kloster St. Bonifaz, weitere 6 in Andechs. Neben gemeinsamem Gebet und geistlicher Lesung arbeiten sie in verschiedenen Bereichen der Klöster St. Bonifaz und Andechs, unter anderem in der Pfarr-, Wallfahrts- und Obdachlosenseelsorge, in der Stiftsbibliothek oder den Wirtschaftsbetrieben von Andechs. Zu St. Bonifaz gehören allein aufgrund ihres Wohnsitzes 3.600 Menschen, dazu kommt die katholische Hochschulgemeinde der TU München, eine selbständige Einrichtung, einfach nur benachbart. Außer dem Kloster, dem Pfarrzentrum und dem Jugendhaus gibt es noch das „Haneberghaus", das sich der Betreuung Obdachloser widmet. Unbedingt zu erwähnen ist natürlich die Stiftsgärtnerei – eine blühende und grüne Oase mitten in München. Auf der Webseite von St. Bonifaz ist zu lesen: *„Ob Tourist, Mönch, Obdachloser, Besucher oder Kirchgänger, jeder, der in München an der Basilika von Sankt Bonifaz vorbei zur Klosterpforte will, muss an den Blumen vorbei, die vor der Stiftsgärtnerei zum Verweilen einladen."*

Adresse: Karlstraße 34 ♿
Telefon: 089 / 55 17 10
U 2 Königsplatz

www.sankt-bonifaz.de

VOM KLASSIZISTISCHEN PORTAL ZUM FUTURISTISCHEN DACHGARTEN

Der Kunstpavillon im Alten Botanischen Garten, das Evangelisch-Lutherische Landeskirchenamt und „MIXED MUNICH ARTS"

Die rund 4 Hektar große Parkanlage des Alten Botanischen Gartens bildet den Auftakt zur Münchner Maxvorstadt und liegt gegenüber dem Justizpalast. Vom Stachus aus bietet sich hier ein durchaus interessanter Zugang zum Kunstareal. Quert man nämlich den Park, so landet man genau in der Katharina-von-Bora-Straße und ist schon auf der Zielgeraden zum Kunstareal. Vorher gibt es aber noch viel zu entdecken. So stellt das 1812 entstandene Eingangsportal zum Alten Botanischen Garten eines der wenigen klassizistischen Beispiele Münchens dar und wurde nach dem Entwurf des portugiesischen Baumeisters **Emanuel Joseph d'Herigoyen** errichtet. Das Portal ist das Wahrzeichen des Alten Botanischen Gartens, an den bis heute nicht nur die Gesamtanlage sondern auch einige exotische Bäume erinnern.

Der Kunstpavillon im Alten Botanischen Garten.

Der Alte Botanische Garten wurde von 1804 bis 1812 nach Plänen des Landschaftsarchitekten **Friedrich Ludwig von Sckell** angelegt – er konzipierte auch den Englischen Garten in München. Sckell gilt als Begründer der „klassischen Phase" des englischen Landschaftsgartens in Deutschland. Am 23. Mai 1812 fand die Eröffnung des Gartens statt, geleitet wurde er damals von Franz von Paula von Schrank. Anlässlich der „1. allgemeine(n) deutsche(n) Industrie Ausstellung im Jahre 1854" entstand hier der Münchner Glaspalast von **August von Voit**. Er wurde 1854, nur 13 Jahre nach dem legendären Londoner Chrystal Palace errichtet. Beide Glaspaläste, die als Ausstellungsgebäude dienten, brannten ab, der Münchner 1931, der Londoner 1936.

1914 erfolgte die Anlage des Neuen Botanischen Gartens in Nymphenburg. Seit dieser Zeit gab es die ersten Überlegungen, den Standort umzugestalten. Doch erst nachdem der Glaspalast den Flammen zum Opfer gefallen war, wurde aus dem Alten Botanischen Garten von 1935–37 ein öffentlicher Park mit Kunstpavillon und Restaurant, dem heutigen Parkcafé. Beteiligte Planer waren **Paul Ludwig Troost** und **Oswald Bieber** sowie der Bildhauer **Joseph Wackerle**. Auf ihn geht der Neptunbrunnen in Anlehnung an Michelangelos „David" in Florenz aus dem Jahr 1937 zurück. Über den vier Portalen des symmetrisch aufgebauten Kunstpavillons befinden sich ebenfalls Friese von Joseph Wackerle, sie stellen die Künste dar.

Das kleine Ausstellungsgebäude wurde im Zweiten Weltkrieg stark zerstört, doch bereits bis 1948 von Münchner Künstlern wieder aufgebaut. Aus dem „Ausstellungstempel" der NS-Zeit wurde ein heller Ausstellungsraum. Heute wird der Kunstpavillon vom Kulturreferat der Landeshauptstadt München gefördert, doch seit Ende der 1980er Jahre geht das Spektrum hier ausgestellter Werke deutlich über die Stadt hinaus. Der Verein „Ausstellungsleitung Pavillon e.V." will einen Kontrapunkt zum etablierten Kunstbetrieb schaffen, dazu führt er drei wesentliche Komponenten zusammen: Kunstausstellung, Kunstproduktion und die Diskussion über Kunst.

Einige Schritte weiter nach Nordwesten, in Richtung Kunstareal, steht das Parkcafé mit großem Biergarten. Es entstand ebenfalls im Rahmen der Neugestaltung in den 1930er Jahren. Das Haus orientiert sich mit seiner pfeilerbestandenen Hauptfassade genau auf das einstige nationalsozialistische Aufmarschgelände zwischen Königsplatz und Arcisstraße. Folgt man der Katharina-von-Bora-Straße, kommt man nach ca. 200 Metern zum Landeskirchenamt der Evangelisch-Lutherischen Kirche in Bayern. Die oberste Dienstbehörde hat ihren Sitz in einem Komplex, der aus mehreren miteinander verbundenen Gebäuden besteht. Die Fassaden sind größtenteils von Klassizismus und Neo-Renaissance geprägt und sehr traditionell, zum Beispiel das Haus Nummer 13, ein Werk des **Oswald Bieber** von 1928/29. Doch seit seiner Erweiterung im Jahre 2013 bietet das Landeskirchenamt nun auch durchaus spektakuläre Anblicke. Dafür verantwortlich zeichnet das Saarbrücker Architekturbüro **Wandel/Hoefer/Lorch**, das auch die Neue Synagoge Münchens plante. Für das Landeskirchenamt sahen die Architekten ein Spiel aus Licht-und Schatten an einer dreidimensional gefalteten Fassade aus so genanntem „gefilztem" Kalkputz vor. Eine stark strukturierte, futuristisch anmutende Stahlkonstruktion führt die Lichteffekte auch in den oberen Abschluss des Gebäudes, zum begrünten Dachgarten.

Gegenüber den Gebäuden des Landeskirchenamtes befindet sich an der Hausnummer 8a das ehemalige zentrale Heizkraftwerk, das durch unterirdische Gänge und Leitungen mit den NS-Bauten am Königsplatz verbunden war. In absehbarer Zukunft sollen hier Wohnungen entstehen. Derzeit fungiert das Projekt **„MIXED MUNICH ARTS"** als Zwischennutzung. Dahinter steht die Idee, die seit 2006 leer stehenden Gebäude, die sich um einen Innenhof gruppieren, durch Konzerte, Kunstprojekte und Ausstellungen zu beleben. Räumlich stehen dafür eine zentrale 21 Meter hohe Kesselhalle, „ein Projektraum für Experimente von und mit Künstlern" (MMA) sowie der unterirdisch gelegene Musik-Club zur Verfügung. In einem der Kraftwerksgebäude ist das ständig stark frequentierte italienische Restaurant „La Fabbrica" gelegen – sein Ambiente spielt mit der Industriegeschichte des Ortes.

Kunstpavillon im Alten Botanischen Garten

Adresse: Sophienstraße 7a ♿
Telefon: 089 / 59 73 59
Öffnungszeiten: Dienstag-Samstag 13.00-19.00 Uhr, Sonntag 11.00-17.00 Uhr, Tram 19 Lenbachplatz und U/S-Bahn Karlsplatz (Stachus)

www.kunstpavillon.org

Landeskirchenamt der Evangelisch-Lutherischen Kirche in Bayern

Adresse: Katharina-von-Bora-Straße 11-13 ♿
Telefon: 089 / 55 950

www.bayern-evangelisch.de

Projekt „MMA – MIXED MUNICH ARTS"

Adresse: Katharina-von-Bora-Straße 8a

www.mixedmunicharts.de

Restaurant La Fabbrica

Adresse: Katharina-von-Bora-Straße 8a ♿
Telefon: 0176 / 38 627 433

www.fabbrica-muenchen.com

VIELE IDEENGEBER UND MACHER GEHÖREN ZUM PROJEKT KUNSTAREAL!

Und noch mehr ...

... so viele, dass der Platz in nur einem Buch knapp wird. Einige der vielen, das Kunstareal prägenden Einrichtungen werden hier kurz vorgestellt.

Räumlich auf dem Areal angesiedelt und im näheren Umfeld befinden sich sechs Hochschulen, die durch ihre Studierenden und Lehrenden, mit zahlreichen Veranstaltungen, Tagungen und Vorträgen wichtige Impulse und Inspirationen für das künstlerische, kulturelle und wissenschaftliche Leben Münchens geben. Neben den drei bereits beschriebenen Einrichtungen wie der Hochschule für Musik und Theater, der Hochschule für Fernsehen und Film und der Technischen Universität München sind das zum einen die **Hochschule für angewandte Wissenschaften München**, mit ihrem Campus Karlstraße. Drei Fakultäten befinden sich an diesem wichtigen Standort: Architektur, Bauingenieurwesen und Geoinformation. Dazu kommen zwei Einrichtungen, deren Hauptgebäude sich direkt nördlich des Kunstareals befinden: die 1472 in Ingolstadt gegründete und seit 1826 in München ansässige **Ludwig-Maximilians-Universität** und die **Akademie der Bildenden Künste München**. In unmittelbarer Nachbarschaft, im nördlichen Zwischengeschoss des U-Bahnhofs Universität liegt die **Akademie Galerie**, ein Ort der kostenlosen Begegnung mit moderner Kunst für alle, auf einer Ausstellungsfläche von 8 x 20 Metern.

Wissenschaft und Forschung sind auch direkt an Museen und Einrichtungen im Kunstareal angegliedert, wie zum Beispiel das **Doerner-Institut** (www.doernerinstitut.de), dessen zentrale Aufgabe die Betreuung und Erhaltung der Bestände der Bayerischen Staatsgemäldesammlungen ist. Dabei geht es unter anderem um die so genannte „Präventive Konservierung" von Werken und Bauten sowie um alles, was sonst noch zur Erhaltung wertvollen Kulturgutes getan werden kann. Naturwissenschaftliche Untersuchungen im Doerner-Institut sind dabei die Voraussetzung für praktische Restaurierungen.

Mit einem der wichtigsten deutschen Künstler des 20. Jahrhunderts beschäftigt sich das **Max Beckmann Archiv** (www.max-beckmann-archive.org). Es gehört zu den Bayerischen Staatsgemäldesammlungen, befindet sich in der Neuen Pinakothek und wird von der Max Beckmann Gesellschaft e.V. betreut. Zum Archiv gehören unter anderem Autographen, Typoskripte, Spezialliteratur, Filme und Fotografien. An der virtuellen Ausstellung „Künste im Exil" ist das Max Beckmann Archiv wesentlich beteiligt.

Auch das **Oskar von Miller Forum**, eine Bildungsinitiative der Bayerischen Bauwirtschaft gehört mit zum Projekt Kunstareal. Das am Oskar-von-Miller-Ring gelegene, *„international und interdisziplinär ausgerichtete Begegnungszentrum im Bauwesen setzt (...) mit seinem Programm herausragende Impulse für die Ausbildung angehender Bau- und Umweltingenieure und Architekten der Technischen Universität München sowie der Bautechniker."* (www.oskarvonmillerforum.de)

Die **Deutsche Gesellschaft für christliche Kunst e.V.** (www.dg-galerie.de) hat ihren Sitz in der Türkenstraße. In der Satzung der Gesellschaft heißt es, dass ihr Auftrag die Förderung von zeitgenössischer Kunst und *„ihre Wertschätzung als schöpferische Lebensgestaltung im christlichen Lebensraum"* ist. Die Förderung von Kunst, Architektur und Design erfolgt unter anderem durch wechselnde Ausstellungen, Publikationen, Vorträge, Tagungen und Podiumsgespräche sowie durch die Vergabe eines Kunstpreises an junge Künstler im Abstand von drei Jahren.

Einen wegweisenden aber auch mutigen Standort hat das neue Gebäude des **Generalkonsulats des Staates Israel** (www.embassies.gov.il/munchen) erhalten. In direkter Nachbarschaft zu den letzten bestehenden Bauten des einst „braunen" Viertels zwischen Königsplatz und Karolinenplatz trotzt es der NS-Vergangenheit, unmittelbar daneben auch das NS-Dokumentationszentrum. Am 10. November 2015 wurde das Haus offiziell eröffnet. Das Generalkonsulat besteht in München seit 2011 und ist zuständig für die Bundesländer Bayern, Baden-Württemberg, Hessen, Rheinland-Pfalz und das Saarland.

An einer Fassade des Generalkonsulats des Staates Israel: „...It is but a Moment...in Eternity...." (2015) vom Glaskünstler Jeremy Langford.

Der israelische Künstler sagt dazu: „Ich bewege mich zwischen tragischer Vergangenheit, einer neuen Gegenwart, einer glänzenden Zukunft. Diese Arbeit erkundet 1700 Jahre jüdischen Lebens in Deutschland – eine Reise durch Wissenschaft, Kunst, Philosophie, Geist und Religion. Für mich ist es ein Gebet für eine bessere Zukunft, für unsere Nationen...für die Menschheit..."

Erich Fromm
Samson Raphael Hirsch
E=mc2

AUSBLICK

Ein unvollendetes Areal mit besten Aussichten

Der Standort und die Potenziale für das Kunstareal sind definiert, dokumentiert und analysiert, Kooperationspartner sind gefunden, Absichten erklärt, eine gemeinsame Geschäfts- und Koordinierungsstelle ist eingerichtet, Arbeitsgruppen sind gebildet – und die Bürger gespannt: Wie geht es weiter? Wie präsentiert sich das Kunstareal in Zukunft?

Stadtratsbeschlüsse

Da gibt es zuerst einmal die ganz konkreten „Stadtratsbeschlüsse zur Weiterentwicklung des Kunstareals" aus dem Jahr 2015, die nach und nach umgesetzt werden sollen. Sie betreffen die vier zentralen und auch im Bürgergutachten immer wieder formulierten Bereiche: Verkehr, Kooperation, Freiflächen und Orientierung.

Verkehr

Besonders wichtig – und immer für eine hitzige Diskussion gut – ist die Verkehrsführung durch das Kunstareal. Nun gibt es erste, deutlich spürbare, Maßnahmen. Die Einbahnstraßenregelung der folgenden Straßen wird aufgehoben: Gabelsbergerstraße (zwischen Arcis- und Türkenstraße), Türkenstraße (zwischen Gabelsberger- und Theresienstraße) und Theresienstraße (zwischen Türken- und Luisenstraße).

Die neue Situation wird den Verkehr in zwei Richtungen lenken und unkontrolliertem bzw. zu schnellem Fahren auf diese Weise Einhalt gebieten. Dadurch werden auch Umwege, die mit den Einbahnstraßen zwangsläufig einhergingen, vermieden. Für die Ampeln im Areal sind kürzere Taktzeiten vorgesehen, sodass der Autoverkehr besser und gleichmäßiger fließen kann. Die Fragen nach Stellplätzen und Haltepunkten für Reisebusse werden weiterhin diskutiert.

Und wie wird das Kunstareal für Radfahrer und Fußgänger attraktiver? Zum Beispiel durch zusätzliche Radwege und Radfahrstreifen. Ein bedeutender Fortschritt wäre auch die Umsetzung von Tempo 30 im gesamten Areal, wie vom Bürgergutachten gefordert und vom Bezirksausschuss Maxvorstadt bekräftigt.

„Buscando la Luz" (1997).

Das Münchner Forum e.V. verfolgt ebenfalls die Umsetzung der Bürgerempfehlungen und fordert die Behebung städtebaulicher Missstände sowie die Verbesserung der Zugangssituationen für Fußgänger zum Areal: „*Aktuelle Schwerpunkte sind die Stadtreparatur am Oskar-von-Miller-Ring, die Forderung nach einem einladenden Entree zum Kunstareal zwischen Markuskirche und Landesbank sowie nach attraktiven Wegeverbindungen zwischen Kunstareal, Odeonsplatz und weiter zum Englischen Garten.*"

Die Erschließung per Bus, mit der Museenlinie 100, wird nur noch über die Luisen- und Theresienstraße erfolgen. Bei der Münchner Verkehrsgesellschaft (MVG) wird bereits darüber nachgedacht, die Namen der entsprechenden Haltestellen mit dem Zusatz „Kunstareal" zu versehen, um den Besuchern unmittelbar deutlich zu machen, dass sie sich im Kunstareal befinden, also z.B. „Königsplatz – Kunstareal".

Zusammenarbeit

Der wichtigste Schritt zur Verbesserung der Zusammenarbeit der beteiligten Museen und Institutionen ist die oben erwähnte Geschäftsstelle Kunstareal, eine gemeinsame Initiative der Landeshauptstadt München, des Freistaates Bayern und der Stiftung Pinakothek der Moderne. Sie wurde im Juli 2015 gegründet und ist derzeit mit zwei Halbtagsstellen besetzt. Ihre Zielsetzung umfasst die organisatorische und inhaltliche Weiterentwicklung des Kunstareals und ihre Aufgabe ist es, Ak-

„Ballenernte" – ein Kunstprojekt von Michael Beutler im Sommer 2014.

tivitäten zu entwickeln und zu bündeln, Prozesse anzustoßen und zu begleiten sowie alle Institutionen im Kunstareal intensiver zu vernetzen und zu moderieren. Es wäre wünschenswert, sie dauerhaft zu etablieren, über die aktuelle Befristung bis 2017 hinaus.

Freiflächen

Für die Freiflächen im Kunstareal und die Verbesserung stadträumlicher Situationen ist ein „Masterplan Freiflächengestaltung" durch das Staatliche Bauamt München und die „Arbeitsgruppe Freiflächengestaltung" bereits in Vorbereitung. In einem Gesamtkonzept sollen Leitlinien für die Pflege, Gestaltung und Begehbarkeit der Grün- und Freiflächen erarbeitet werden. Die Aufenthaltsqualität im Kunstareal soll verbessert werden. Dazu gehören „mehr Sitzgelegenheiten und Ruhezonen, bessere Wegeführung, mehr Gastronomie", wie die Süddeutsche Zeitung vom 6.1.2016 schreibt. Besonderes Augenmerk liegt dabei auf den Bereichen rund um die Glyptothek und die Pinakotheken.

Orientierung vor Ort

Zu den wichtigsten Forderungen im Prozess der Kunstareal-Entwicklung gehört die bessere Orientierung. Hierfür wurde ein Begleitsystem konzipiert. Gut zwei Meter hohe Info-Stelen und T-Elemente, die als Sitzhocker dienen können, „begleiten" die Besucher ab Juni 2016 an 21 Stellen durch das Kunstareal. Die schwarz-weißen Stelen aus Corian, einem Acrylstein, wurden im Auftrag der Stiftung Pinakothek der Moderne von dem Designer Nitzan Cohen entworfen. Die Wiedererkennbarkeit der „Orientierungsgruppen" durch ihre Beschriftung und das signifikante Schwarz-Weiß trägt in erheblichem Maße dazu bei, das Kunstareal im öffentlichen Raum sichtbar und es – weit über das einzelne Museum oder die einzelne Einrichtung hinaus – als Einheit erfahrbar zu machen.

Bei allen Maßnahmen in Bezug auf das Kunstareal muss man sich vergegenwärtigen, dass es sich um einen – in unzähligen Planungsschritten entstandenen – heute inmitten der Stadt liegenden Bereich handelt, mit allen Vor- und Nachteilen einer

Die Info-Stelen des Begleitsystems, entworfen von Nitzan Cohen, stehen an 21 Stellen im Kunstareal.

solchen Konstellation. Das bedeutet zum Beispiel, dass es hier vielfach nur um kleine Schritte, um Reparaturen und Verbesserungen im Stadtraum gehen kann und Prozesse langfristig gedacht werden müssen. Oft sind es Detailmaßnahmen, Kleinigkeiten, die das Kunstareal aufwerten können und es langsam zu einer neuen urbanen Qualität führen werden. Potenziell bebaubare Flächen sind zwar – wenn auch rar – auf dem Areal vorhanden, doch vor allem können bestehende städtebauliche Missstände durch geschickte Planungen ins Gegenteil verkehrt werden. Gerade die Vielfalt der Aspekte, von Stadtgestaltung und Denkmalpflege bis zum Neubau, macht den Reiz und das Entwicklungspotenzial des Kunstareals aus, stellt aber gleichzeitig die Planer auch vor immer neue Herausforderungen.

Sanierungsprojekte

In den nächsten Jahren steht eine Folge wichtiger Sanierungen an: Das Amerikahaus wird generalsaniert, ebenso die Neue Pinakothek und das Gebäude der Hochschule für Musik und Theater München am Standort Arcisstraße. Die Bauarbeiten an der Alten Pinakothek sollen laut Planung 2018 zum Ende

Einfach schön, heiter und erlebnisreich: das 2. Kunstareal-Fest 2015! In der Mitte rechts "Der Flug des Phönix" der Künstlergruppe super+.

kommen. Sanierungen von Museen ziehen immer konservatorische Fragen nach sich. Neuordnungen der Räumlichkeiten stehen auf dem Programm, andere Hängungen, neue Diskurse. Auch Fragen des Denkmalschutzes sind in Bezug auf Ensemble, Gebäude und Kunstwerke zu berücksichtigen. Und eines – hoffentlich nicht allzu fernen – Tages wird die Pinakothek der Moderne vollendet werden.

Perspektiven

Neben Stadtratsbeschlüssen und Sanierungsprojekten gibt es auch noch die weiterführenden Perspektiven für das Kunstareal, die Ideen und Visionen. Die Schwerpunkte liegen weiterhin in der Orientierung, Programmatik, Kommunikation, Aufenthaltsqualität und Organisation.

Orientierung im digitalen Raum

Hier geht es um die Orientierung im realen Raum, die von Erkennbarkeit („Branding") und Auffindbarkeit lebt – Stichwort „Begleitsystem" –, aber auch um zusätzliche Zeichen. Es geht um die Sichtbarkeit im öffentlichen Raum, um Öffentlichkeitswirkung und damit zum Beispiel um einheitliche Banner an den einzelnen Häusern – wie schon bei den Kunstareal-Festen. Auch die Orientierung im digitalen Raum muss zum Erleben des Kunstareals beitragen: Sie soll aktuell, nutzerorientiert sowie zielführend sein und einen guten Service für Besucher aus dem In- und Ausland bieten. Veranstaltungen, Pläne, Adressen, Inhalte – alles lässt sich online transportieren, bis hin zu virtuellen Touren durch das Kunstareal und digitalen Vermittlungsprojekten. Wichtige Grundlage dafür ist der Webauftritt des Kunstareals und seine Verlinkungen, u.a. mit dem Museumsportal München (www.museen-in-muenchen.de). Beste Bedingung für den Nutzer wäre ein kostenloser WLAN-Hotspot im Kunstareal, auch eine Forderung des Bezirksausschusses der Maxvorstadt.

Programmatik

Zur langfristigen Programmatik gehören weitere Kunstareal-Feste, um Kunst, Kultur und Wissen interdisziplinär zu koppeln, breit zu kommunizieren und einfach einmal gemeinsam zu feiern! Für 2017 ist bereits das 3. Kunstareal-Fest geplant. Auch bei den Kunstprojekten auf den Freiflächen zeigt sich das Kunstareal der breiten Öffentlichkeit, so Anfang des Jahres 2016 bei einer Kunstaktion vor der Alten Pinakothek, bei der Schneekanonen roten, blauen und grünen Kunstschnee produzierten. Der Künstler Philipp Messner wollte mit seinem Kunstprojekt „Clouds" den Winter thematisieren. Sogar (fast) ohne Schnee ist ihm das gelungen.

Kommunikation

Die Kommunikation der Idee des Kunstareals ist von entscheidender Bedeutung für den Erfolg des Projektes – hier setzt das Kunstareal auch auf eine starke Präsenz beim München Tourismus und bei der Internationalen Tourismus Börse Berlin (ITB).

Nationale und internationale Bekanntheit führen dazu, dass der Ort zur touristischen Attraktion wird und sich damit neuen Besucherkreisen öffnet. Ein serviceorientiertes Kunstareal ist für München auch wirtschaftlich relevant: Denn viele Touristen besuchen nicht nur das größte Volksfest der Welt, sondern nachweislich auch die Museen der Stadt.

Aufenthaltsqualität

Eine langfristige Strategie zur Verbesserung der Aufenthaltsqualität könnte die Gestaltung eines Kunstboulevards als Flaniermeile entlang der Arcisstraße sein, der sich vom Alten Botanischen Garten bis zum Alten Nördlichen Friedhof erstreckt. An der Arcisstraße, einer Hauptachse des Areals, reihen sich viele Einrichtungen wie die Perlen einer Kette aneinander. Die Mensa der TU München könnte zum zentralen Anlaufpunkt für das Kunstareal werden, die Öffnung des Erdgeschosses wäre eine Belebung des öffentlichen Raums. Als einladender Zugang zum Kunstareal gerät auch der Alte Botanische Garten wieder ins Blickfeld, denn wie Klaus Bäumler, der langjährige frühere Vorsitzende des Bezirksausschusses Maxvorstadt, feststellt: *„Es ist eine zentrale Grünfläche mit Scharnierfunktion zwischen Altstadt und Maxvorstadt“.*

Eingang zur Mensa der Technischen Universität München.

Natur

Zu Kunst, Kultur und Wissen gesellt sich in letzter Zeit noch die Natur: Acht Bienenvölker leben derzeit auf den Dächern des Kunstareals, sechs auf der Neuen Pinakothek, zwei weitere auf der Pinakothek der Moderne. Die Initiative „München summt!“ bringt Bienenkästen auf die Dächer der Stadt, um für die gefährdete Tierart neuen Lebensraum zu schaffen und sie zu schützen. Nun gibt es auf dem Kunstareal Honig zu kaufen – auch eine Art, den Besuchern das Kunstareal-Erlebnis zu versüßen.

Kunstvermittlung

Um das Kunstareal nachhaltig zu beleben, ist vor allem auch die Kunstvermittlung gefragt. Das Ideal, durch die Beschäftigung mit Kunst die eigene Persönlichkeit zu entwickeln, geht vom Ansatz her auf die Einrichtung der ersten öffentlichen Museen im

19. Jahrhundert zurück. Die aktuellen Angebote richten sich jedoch nicht nur an das klassische Museumspublikum. *„Unsere Programme sollen so vielfältig sein, wie unsere Besucher"*, unterstreicht Jochen Meister, Leiter der Kunstvermittlung der Pinakotheken. Auf dem Areal kann man sich sein ganzes Leben lang mit Kunst beschäftigen und dabei vom Expertenwissen der Kunstvermittler auf ganz unterschiedliche Art und Weise profitieren. Alle Museen bieten Vermittlungsprogramme an. So gibt es zum Beispiel Programme für Kinder, Familien und Senioren, bis hin zu gezielten Veranstaltungen für Demenzkranke, geistig Behinderte oder psychisch Kranke.

Zu den klassischen Bildungspartnern gehören die Münchner Volkshochschule, das Museumspädagogische Zentrum (MPZ) und natürlich Schulen, Vereine oder kirchliche Einrichtungen. Da auf dem Kunstareal viele wissenschaftliche Einrichtungen ihren Platz haben, ergeben sich hier einzigartige Möglichkeiten der Zusammenarbeit.

Jugendliche

Zu den Projekten mit Schülerinnen und Schülern in der Pinakothek der Moderne und im Museum Brandhorst zählen die „Pl.loten": Einmal im Monat bieten junge Kunst-Guides den Besuchern zu einem ausgewählten Werk selbst vorbereitete kur-

Der Raum für Kunstvermittlung in der Pinakothek der Moderne, eingeweiht im Februar 2016.

ze Vorträge und Führungen an. Jugendliche von 16-26 Jahren wird „ARTisFACTION" – Kunstgenuss im Rahmen einer Lounge – wohl am besten ansprechen. Wie entfaltet man weiteres Potenzial in der Bildungsarbeit? Die Pinakotheken nehmen an einem Projekt der Robert Bosch Stiftung teil, um frühkindliche Angebote zu entwickeln.

Abbau von Barrieren – Inklusionsangebote

Seit Langem schon ein fester Bestandteil der Kunstvermittlung sind die Samstags-Führungen durch die Alte Pinakothek und die Pinakothek der Moderne in Englisch, Französisch, Italienisch und Spanisch – durch Muttersprachler. Auch auf Türkisch und in Gebärdensprache gab es schon Führungen. Neu sind interkulturelle Programme: Projekte, die gemeinsam mit Einwohnern und Flüchtlingen stattfinden.

Um die Inklusionsangebote umfassend anbieten und nutzen zu können, erfolgt schrittweise die behindertengerechte Nachrüstung aller Häuser. Die Aktion der Bayerischen Staatsregierung „Bayern barrierefrei" zeigt hier Wirkung. Bei allen Neubauten werden dementsprechend von Anfang an gezielte Maßnahmen getroffen. Ein besonders schönes Beispiel ist dabei das 2013 eröffnete Museum Ägyptischer Kunst, das bereits im Rahmen des bundesweiten Projektes „Reisen für Alle" zertifiziert wurde und das die Berührung von ausgewählten Originalen ausdrücklich als Bestandteil des Rundgangs vorsieht. Barrierefreiheit ist eben nicht nur eine Frage von Stufen oder unwegsamer Wegeführung, es geht auch darum, Sprachbarrieren abzubauen, Angebote für Blinde- und Sehschwache, Schwerhörige und Gehörlose zu machen.

Auch durch verlängerte Öffnungszeiten können Barrieren abgebaut werden. Für viele Berufstätige ist ein Museumsbesuch derzeit nur an den Abendöffnungen oder zum Wochenende möglich. Die schon im Bürgergutachten geforderte gemeinsame Eintrittskarte, mit unterschiedlichen Laufzeiten, angepasst an verschiedene Besuchergruppen, ist ein weiterer wichtiger Schritt auf dem Weg zum Kunstareal.

Aneignung durch die Menschen

Entscheidend für die erfolgreiche Entwicklung des Kunstareals ist, dass die Menschen es annehmen und vereinnahmen. Das Kunstareal mit all seinen Museen und Institutionen, den öffentlichen Plätzen, Cafés, Restaurants und Galerien wird nicht nur von der Stadt München, dem Freistaat Bayern, der Stiftung Pinakothek der Moderne oder der Geschäftsstelle Kunstareal getragen, sondern von den Bürgern selbst. Nur dann entfaltet es sein ganzes Potenzial als Netzwerk von Ideen, Synergien und Qualitäten. Dabei muss es Akteure geben und Besucher. Und deren Rollen können und müssen wechseln, wie beim Bürgergutachten, bei dem die Bürger zur treibenden Kraft wurden. Die Menschen sind der entscheidende Faktor, damit das Projekt Kunstareal München gelingt und es seine Strahlkraft über Vergangenheit und Gegenwart hinaus in die Zukunft entfaltet.

Kunstareal
München
Kunst
Kultur
Wissen

Weitere Cafés & Restaurants im Kunstareal (Auswahl)

Aposto – Italienisches Restaurant
Luisenstraße 27 • Telefon 089 / 38 887 986
www. aposto.eu/muenchen

Café Katzentempel – einziges Katzencafé in München
Türkenstraße 29 • Telefon 089 / 20 061 249
www.cafe-katzentempel.de

Café Puck – Studentencafé
Türkenstraße 33 • Telefon 089 / 280 22 80 • www.cafepuck.de

Café „von & zu" (in einem Teil der ehemaligen Paul-Heyse-Villa)
Luisenstraße 22 • Telefon 089 / 54 573 905
www.weinhandlung-vonschirnding.de

Eisdiele Ballabeni Theresienstraße 48
Telefon 089 / 18 912 943 • www.ballabeni.de

Parkcafé – Bayerisches Restaurant & Loungebar
(in einem Gebäude aus den 1930er Jahren, großer Biergarten)
Sophienstraße 7 • Telefon 089 / 51 617 980
www.parkcafe089.de

Tokami – Japanisches Restaurant
Theresienstraße 54 • Telefon 089 / 28 986 760 • www.tokami.de

Brasserie Tresznjewski – Café, Bar, Restaurant
Theresienstraße 72 • Telefon 089 /28 23 49
www.tresznjewski.com

Im Café „von & zu".

Veranstalter von Führungen durch das Kunstareal

Freundeskreis Kunstareal
www.kunstareal.de

GA – Guiding Architects
ww.ga-munich.com

Münchner Volkshochschule (MVHS)
www.mvhs.de

Dr. Andreas Romero (Architekt / Stadtplaner)
www.stadt-werk-statt.de

Dr. Kaija Voss (Architekturhistorikerin)
www.architektur-sehenlernen.de

DGB-Bildungswerk München
www.bildungswerk-bayern.de/muenchenprogramm

Galerien im Kunstareal

Zusammengestellt von Florence Baur
Stand: Oktober 2015

Architekturgalerie e.V.
Türkenstraße 30 (Eingang über Buchhandlung)
Telefon 089/28 28 07 • www.architekturgalerie-muenchen.de
Mo-Mi 9.30-19 • Do + Fr 9.30-19.30 • Sa 9.30-18
Kontakt: Nicola Borgmann

DG | Deutsche Gesellschaft für christliche Kunst e.V.
Türkenstraße 16 Hochparterre links • www.dg-galerie.de
Di-Fr 12-19 • Kontakt: Benita Meissner

Galerie Renate Bender
Türkenstraße 11 • Telefon 089 / 30 728 107
www.galerie-bender.de • Di-Fr 13–18 • Sa 11-15
und nach Vereinbarung • Kontakt: Renate Bender

Galerie Biedermann
Barer Straße 44 Rgb • Telefon 089 / 29 72 57
www.galerie-biedermann.de • Di-Fr 14-18 • und nach Vereinbarung • Kontakt: Dr. Margret Biedermann

Galerie Christa Burger
Theresienstraße 19 (Eingang Fürstenstraße)
Telefon 089 / 28 996 550 • www.galerieburger.de
Di-Fr 13-18.30 • Sa nach Vereinbarung
Kontakt: Christa Burger

Galerie f5,6
Ludwigstraße 7 • Telefon 089 / 28 675 167
www.f56.net • Mi-Fr 12-18 • Sa 12-15
und nach Vereinbarung • Kontakt: Katrin Weber

Barbara Gross Galerie
Theresienstraße 56 / Hof 1 • Telefon 089 / 29 62 72
www.barbaragross.de • Di-Fr 11-18.30 • Sa 11-16
Kontakt: Barbara Gross

Françoise Heitsch
Amalienstraße 19 • Telefon 089 / 48 12 00
www.francoiseheitsch.de • Di-Fr 14-19 • Sa 12-16
Kontakt: Françoise Heitsch

Galerie Michael Heufelder
Gabelsbergerstraße 83 • Telefon 089 / 54 320 920
www.galerie-heufelder.de • Mi-Fr 14-19 • Sa 12-16
Kontakt: Michael Heufelder

Galerie Jordanow
Zieblandstraße 19 • Telefon 0160 55 35 795
www.galerie-jordanow.de • Während der Ausstellung:
Mi-Fr 14-19 • Sa 11-15 und nach Vereinbarung
Kontakt: Elka Jordanow

Galerie Klüser
Georgenstraße 15 • Telefon 089 / 38 40 810
www.galerieklueser.com • Di-Fr 11-18 • Sa 11-14

Galerie Klüser 2
Türkenstraße 23 • Di-Fr 14-18 • Sa 11-14
Kontakt: Bernd Klüser & Julia Klüser

Galerie Sabine Knust
Ludwigstraße 7 • Telefon 089 / 29 160 703
www.sabineknust.com • Di-Fr 11-18 • Sa 11-15
Kontakt: Matthias Kunz

Galerie Klaus Lea
Türkenstraße 96 / Hof • Telefon 089 / 27 24 179
www.artnet.com • Mi-Fr 15-20 • Sa 12-16 • und nach Vereinbarung (auch an Feiertagen) • Kontakt: Klaus Lea

Galerie van de Loo Projekte
Gabelsbergerstraße 19 • Telefon 089 / 22 62 70
www.galerievandeloo-projekte.de • Mi-Fr 11-18
Sa 12-16 • Kontakt: Marie-José van de Loo

Micheko Galerie
Theresienstraße 18 • Telefon 089 / 38 169 388
www.micheko.com • Di-Fr 14-19 • Sa 11-15
und nach Vereinbarung • Kontakt: Michele Vitucci

Otto-Galerie
Augustenstraße 45 • Telefon 089 / 52 93 92
www.otto-galerie.de • Mo-Fr 15-18 • und nach Vereinbarung • Kontakt: Sonja von Baranow

Galerie Christian Pixis
Kurfürstenstraße 7 • Telefon 089 / 28 807 495
www.christianpixis.de • Di-Fr 11-13/14-18 • Sa 11-15
Kontakt: Christian Pixis

Galerie an der Pinakothek der Moderne – Barbara Ruetz
Gabelsbergerstraße 7 • Telefon 089 / 28 807 743
www.galerie-ruetz.de • Di-Fr 12-19 • Sa + So 12-18
(So nur Besichtigung) • Mo nach Vereinbarung
Kontakt: Barbara Ruetz

Galerie Karin Sachs
Augustenstraße 48 • Telefon 089 / 20 112 50
www.GalerieKarinSachs.de • Di-Fr 13-18 • Sa 12-16
Kontakt: Karin Sachs

Schellmann Art + Furniture
Ainmillerstraße 25 • www.schellmannart.com
Telefon 089 / 38 666 080 • www.schellmannfurniture.com
Telefon 089 / 38 666 08 10 • Mo-Fr 10-18
Kontakt: Bettina Mittler

Schirmer/Mosel Showroom
Galerie und Buchhandlung • Galeriestraße 2
Telefon 089 / 29 161 601 • www. schirmermoselshowroom.de
Mo-Fr 14-19 • Sa 12-15 • Kontakt: Marion Kargerer

Galerie Rüdiger Schöttle
Amalienstraße 41 Rgb • Telefon 089 / 33 36 86
www.galerie-ruediger-schoettle.de • Di-Fr 11-18 • Sa 12-16
und nach Vereinbarung • Kontakt: Rüdiger Schöttle

Smudajescheck / Kunstraum van Treeck
Schwindstraße 3 • Telefon 0173 311 03 09
www.smudajescheck.com • Mo-Do 9-17 • Fr 9-16
Sa 11-16 • Kontakt: Charlotte Smudajescheck

Galerie Spektrum
Theresienstraße 46 • Telefon 089 / 28 45 90
www.galerie-spektrum.de • Di-Fr 13-19 • Sa 11-14
und nach Vereinbarung Kontakt: Jürgen Eickhoff

Walter Storms Galerie
Schellingstraße 48 • Telefon 089 / 27 370 162
www.storms-galerie.de • Di-Fr 11-18 • Sa 11-16
Kontakt: Walter Storms

Galerie Florian Sundheimer
Odeonsplatz 16 • Telefon 089 / 24 210 504
www.sundheimer.de • Mi-Fr 14-18.30 • Sa 11-14
und nach Vereinbarung • Kontakt: Florian Sundheimer

Galerie Thomas
Türkenstraße 16 • Telefon 089 / 290 00 80
www.galerie-thomas.de • Mo-Fr 9-18 • Sa 10-18
Kontakt: Barbara Zmeck

Galerie Thomas Modern
Türkenstraße 16 • Telefon 089 / 290 00 860
www.galerie-thomas.de • Mo-Fr 9-18 • Sa 10-18
Kontakt: Silke Thomas / Jörg Paal

Galerie Florian Trampler
Oskar-von-Miller-Ring 29-31 Rgb • Telefon 089 / 24 294 007
www.galerie-trampler.de • Di-Fr 12-18 • Sa 11-15
und nach Vereinbarung • Kontakt: Florian Trampler

Verein für Origignalradierung e.V.
Ludwigstraße 7 im Innenhof • Telefon 089 / 28 08 84
www.radierverein.de • Während der Ausstellung
Di-Fr 15-18.30 • Kontakt: Eva Ulm-Raab

Stefan Vogdt – Galerie der Moderne
Kurfürstenstraße 5 • Telefon 089 / 271 68 57
www.galerie-vogdt.de • Mo-Fr 10.30-18.30
Sa 10.30-15.00 • Kontakt: Stefan Vogdt

Galerie Wittenbrink
Türkenstraße 16 • Telefon 089 / 260 55 80
www.galeriewittenbrink.de • Di-Sa 10-18 • Do 10-20
Kontakt: Bernd Wittenbrink

Auktionshäuser im Kunstareal

Auktionshaus Neumeister
Barer Straße 37 • Telefon 089 / 231 71 00
www.neumeister.com Mo-Fr 9-17.30

Auktionshaus Ruef
Gabelsbergerstraße 28 • Telefon 089 / 542 79 70
www.ruef-auktion.de • Mo-Fr 8.30-12.30 und 13.30-17.30

Auktionshaus Quittenbaum
Theresienstraße 60 • Telefon 089 / 273 702 125
www.quittenbaum.de • Di-Fr 15-18

Freunde und Förderer

Die Freundes- und Förderkreise der Institutionen im Kunstareal haben sich 2010 im **Förderkreis Kunstareal** zusammengeschlossen. Überzeugt davon, dass bürgerschaftliches Engagement notwendig ist, um unserer Gesellschaft entscheidende Impulse für ihre Weiterentwicklung zu geben, will der Förderkreis Kunstareal das Potenzial dieses hochkarätigen Standortes Kunstareal München aktivieren und diesen initiativ begleiten.

Freundeskreis des Ägyptischen Museums München e.V.
www.smaek.de

Pinakotheks-Verein. Verein zur Förderung der Alten und Neuen Pinakothek in München e.V. www.pinakothek.de/sites/default/files/files/Pinakotheksverein.pdf

Förderverein des Architekturmuseums der Technischen Universität München e.V.
www.architekturmuseum.de/foerderverein

Verein der Freunde und Förderer der Glyptothek und der Antikensammlungen München e.V.
www.antike-am-koenigsplatz.mwn.de/glyptothek/verein

Vereinigung der Freunde der Staatlichen Graphischen Sammlung München e.V. www.sgsm.eu

Gesellschaft der Freunde und Förderer der Hochschule für Fernsehen und Film in München e.V.
www.hff-muenchen.de/organisation

Gesellschaft der Freunde der Hochschule für Musik und Theater München e.V.
www.musikhochschule-muenchen.de

Förderverein Lenbachhaus e.V.
www.lenbachhaus.de/engagement/foerderverein

Max Beckmann Gesellschaft e.V.
www.max-beckmann-archive.org

Förderverein NS–Dokumentationszentrum München e.V.
www.foerderer-ns-dokumentationszentrum-muenchen.de

PIN. Freunde der Pinakothek der Moderne e.V.
www.pin-freunde.de

Stiftung Pinakothek der Moderne www.stipimo.de

Verein der Freunde des Zentralinstituts für Kunstgeschichte e.V. www.zikg.eu/forderer

ZEITTAFEL ZUR ENTWICKLUNG DES KUNSTAREALS

Eine Auswahl von Bauten und Architekten sowie prägender Ereignisse

1804/05
Kronprinz Ludwig I. beginnt mit dem Aufbau einer eigenen Antikensammlung in Rahmen einer Italienreise.

1805
Johann Christian von Mannlich (Direktor der Zentralgemäldegalerie) und Johann Georg von Dillis (Galerieinspektor) beschäftigen sich mit einem Museumsneubau für die Gemäldesammlungen der Wittelsbacher.

1807
Städtebaulicher Wettbewerb für die Maxvorstadt.

1809
König Maximilian I. Joseph beginnt mit der Planung des Königsplatzes und wünscht die Umbauung des Platzes mit Militärgebäuden.

Entstehung des Karolinenplatzes (Friedrich Ludwig von Sckell, Carl von Fischer).

Kronprinz Ludwig I. beginnt mit dem Aufbau einer Sammlung von zeitgenössischen Kunstwerken.

1812
Kronprinz Ludwig I. kauft das Grundstück nördlich des Königsplatzes, im selben Jahr erwirbt er auch die „Ägineten".

1813
Vorhaben das Gelände um den Königsplatz zum „Militärviertel" werden zu lassen aufgegeben.

1814
Architektenwettbewerb zum Bau der Glyptothek durch die Akademie der Künste ausgelobt.

1816
Unter König Maximilian I. Joseph Aufkauf eines Areals, das heute von Barer-, Theresien-, Türken- und Gabelsbergerstraße umgeben ist, zum Bau einer Kaserne (spätere „Türkenkaserne").

1824
Erste Soldaten ziehen in die „Türkenkaserne" ein.

1826
Grundsteinlegung der Alten Pinakothek.

Stopp der Erweiterung der „Türkenkaserne" durch König Ludwig I., um Abstand zur im Bau befindlichen Alten Pinakothek zu halten.

1830
Eröffnung der Glyptothek (Leo von Klenze).

1833
Enthüllung des Obelisken am Karolinenplatz (Leo von Klenze).

1835
Gründung des Klosters St. Bonifaz durch König Ludwig I..

1836
Eröffnung der Alten Pinakothek (Leo von Klenze).

1848
Eröffnung des „Kunst- und Industrie Ausstellungsgebäudes", heutige Antikensammlungen (Georg Friedrich Ziebland).

1850
Einweihung des Klosters St. Bonifaz (Georg Friedrich Ziebland).

1853
Eröffnung der Neuen Pinakothek (Friedrich von Gärtner, August von Voit).

Erinnerung an einen historischen Hauseingang in der Richard-Wagner-Straße.

1853/54
Errichtung des Münchner Glaspalasts im Alten Botanischen Garten (August von Voit).

1862
Einweihung der Propyläen (Leo von Klenze).

1865
Nachträgliche Errichtung des Assyrischen Saals im Innenhof der Glyptothek.

1868
Gründung der heutigen TU München durch König Ludwig II. als „Polytechnische Schule", ab 1877 „Königlich Bayerische Technische Hochschule München", erstes Gebäude (Gottfried von Neureuther).

1873-1876
Errichtung der Kirche St. Markus als 2. Evangelisch-Lutherische Kirche in München (Rudolf Gottgetreu).

1891
Fertigstellung des Lenbachhauses (Gabriel von Seidl).

1898–1916
Münchner Secession im Gebäude der heutigen Antikensammlungen.

1928/29
Errichtung des Evangelisch-Lutherischen Landeskirchenamtes an der heutigen Katharina-von-Bora-Straße (Oswald Bieber).

1929
Erweiterung des Lenbachhauses zur Städtischen Galerie (Hans Grässel).

1931
Der Glaspalast brennt völlig aus.

1933-37
„Führerbau" und NSDAP-Verwaltungsbau (Paul Ludwig Troost).

1935
Umgestaltung des Alten Botanischen Gartens mit Kunstpavillon, Parkcafé und Neptunbrunnen (Paul Ludwig Troost, Oswald Bieber).

1944/45
Alte und Neue Pinakothek werden bei Bombenangriffen stark beschädigt, ebenso Glyptothek, Antikensammlungen, St. Bonifaz u.a.

1945
Entscheidung der amerikanischen Militärverwaltung die Kopfbauten am Königsplatz einer kulturellen Nutzung zuzuführen.

„Central Art Collecting Point" (CCP) im NSDAP-Verwaltungsbau.

1945-1948
Räumlichkeiten der Glyptothek dienen als Unterkunft für Gefangene.

1946
Aufrufe zur Rettung der Alten Pinakothek (Generaldirektor Ernst Buchner, Architekt Hans Döllgast).

Wiederaufbau des Hauptgebäudes der TH München (Robert Vorhoelzer), Wiederaufnahme des Lehrbetriebs.

Gründung des Zentralinstitutes für Kunstgeschichte.

1947
Sprengung der „Ehrentempel" am Königsplatz.

1948-1957
„Führerbau" als Domizil für das Amerikahaus („US-Information Center").

ab 1949
Abriss der kriegszerstörten Neuen Pinakothek.

1950
Einrichtung des Paläontologischen Museums (Richard-Wagner-Straße 10) in Verbindung mit Geologischem Museum (Luisenstraße 37).

1950-1952
Bau des ersten Wohnhochhauses in München an der Theresienstraße 46-48 (Sep Ruf).

1955-1957
Neubau von St. Markus nach Kriegszerstörung (Gustav Gsaenger).

1956/57
Bau der Mensa der TH München (Franz Hart).

1957
Eröffnung des Amerikahauses am Karolinenplatz (Franz Simm, Karl Fischer).

(Wieder-)Eröffnung der Alten Pinakothek (Hans Döllgast).

Schenkung der Werke des „Blauen Reiters" von Gabriele Münter an die Stadt München für die Städtische Galerie in Lenbachhaus.

Einzug der Hochschule für Musik und Theater München in die Arcisstraße 12 (ehemaliger „Führerbau").

1967
Architekturwettbewerb Neue Pinakothek.

(Wieder-)Eröffnung der Staatlichen Antikensammlungen (Johannes Ludwig).

1970
Umbenennung der Technischen Hochschule in Technische Universität München (TUM).

1972
(Wieder-)Eröffnung der Glyptothek (Josef Wiedemann).

1976
Einrichtung des Museums für Abgüsse Klassischer Bildwerke im Haus der Kulturinstitute (ehemaliger NSDAP-Verwaltungsbau).

1981
(Wieder-)Eröffnung der Neuen Pinakothek (Alexander von Branca).

1987
Eröffnung des Audimax der TUM (Rudolf Wienands).

1988
Ein Initiativkreis aktiver Bürger beginnt sich für die Einrichtung eines NS-Erinnerungsortes in München einzusetzen, maßgebliche Beteiligung des späteren Gründungsdirektors Prof. Dr.-Ing. Winfried Nerdinger.

Granitpflasterung des Königsplatzes wird entfernt, es entstehen wieder Rasenflächen.

1992
Architekturwettbewerb und Masterplan für die Bauabschnitte der Pinakothek der Moderne.

1994
Eröffnung des zum Lenbachhaus gehörenden Ausstellungsbaus (damals "Kunstbau") der Architekten Kiessler + Partner.

Gründung der Stiftung Pinakothek der Moderne.

1998
Juli: (Wieder-)Eröffnung der Alten Pinakothek nach Generalsanierung.

2000
Bayerische Staatssammlung für Paläontologie und histo-

rische Geologie und Geologische Staatssammlung werden zur neuen Staatssammlung für Paläontologie und Geologie vereinigt.

2001
KUNSTAREAL wird als Begriff geprägt. „Erfinder" ist Mike Keller (DesignAgentur KMS Blackspace). Ziel: ein Bewusstsein dafür zu schaffen, dass die einzelnen Museen Teile eines nochmals größeren „Kunstareals" sind.

Der Münchner Stadtrat beschließt gemeinsam mit dem Freistaat Bayern die Einrichtung eines NS-Dokumentationszentrums.

2002
Architekturwettbewerb Hochschule für Fernsehen und Film/Staatliches Museum Ägyptischer Kunst.

September: Eröffnung der Pinakothek der Moderne (Stephan Braunfels).

2008
Umgebaute „Reaktorhalle" an der Luisenstraße 37a wird zusätzlicher Standort der Hochschule für Musik und Theater München.

2009
Mai: Eröffnung des Museum Brandhorst (Sauerbruch/ Hutton).

Architekturwettbewerb NS-Dokumentations-Zentrum.

Auftaktveranstaltung/Konferenz auf Initiative der Stiftung Pinakothek der Moderne: Beginn des staatlich-städtischen Gemeinschaftsprojekts mit dem Ziel, das Kunstareal in seiner Vielfalt als Gesamtheit zu stärken. Motto: „Kunst, Kultur und Wissen".

2010
Sanierung und Umbau des Tors der ehemaligen „Türkenkaserne" zum Ausstellungsraum (Sauerbruch/Hutton).

Einrichtung des „Café Vorhoelzer" mit Dachterrasse in der TUM.

Freiflächenworkshop Kunstareal München/Public Green.

2011
Wettbewerb Grafisches Erscheinungsbild und Orientierungssystem.

2012
Grundsteinlegung des NS-Dokumentations-Zentrum.

Eröffnung der Hochschule für Fernsehen und Film/Staatliches Museum Ägyptischer Kunst (Peter Böhm Architekten).

Gemeinsame Homepage: www.kunstareal.de

2013
Mai: (Wieder-)Eröffnung des Lenbachhauses nach Erweiterung und Sanierung (Foster + Partners).

Bürgergutachten zum Kunstareal. Februar bis September: „Schaustelle" temporärer Ausstellungsbau für die vier Sammlungen der in Renovierung befindlichen Pinakothek der Moderne (J. Mayer H. Architekten).

September: 1. Kunstareal-Fest.

2014
Februar: Übergabe Bürgergutachten an die Landeshauptstadt München.

2015
April: Eröffnung des NS-Dokumentations-Zentrums (Georg Scheel Wetzel Architekten).

Mai: 2. Kunstareal-Fest und Evaluierung des Bürgergutachtens zum Kunstareal.

Juli: Der Freistaat Bayern, die Landeshauptstadt München und die Stiftung Pinakothek der Moderne richten die „Geschäftsstelle Kunstareal München" zur Koordinierung aller Aktivitäten ein.

Stadtratsbeschluss zur Aufhebung der Einbahnstraßenregelung im Kunstareal.

2016
April: Präsentation des ersten Buches zum Kunstareal (MünchenVerlag).

Juni: Realisierung des „Begleitsystems" zur Orientierung und Information der Besucher an 21 Stellen im Kunstareal.

2017
Voraussichtlich: 3. Kunstareal-Fest.

LITERATUR

Altmann, Lothar: St. Bonifaz München. Regensburg, ^{4}1997.

Backmeister-Collacott, Ilka (Hrsg.): Luisenstraße 37a. Institut für Technische Physik der TH – „Reaktorhalle" – Hochschule für Musik und Theater. München, 2008.

Bayerische Staatsgemäldesammlungen München (Hrsg.): Die Alte Pinakothek in historischen Fotografien. München, 2011.

Biller, Josef H. / Rasp, Hans-Peter: München – Kunst & Kultur. Lexikon – Stadtführer – Handbuch. München, ^{4}2014.

Blohm, Katharina / Nerdinger, Winfried (Hrsg.): Architekturführer München. München, 1994.

Botanischer Garten München / Gesellschaft der Freunde des Botanischen Gartens München (Hrsg.): Botanischer Garten München. München, 2014.

Brauer, Gernot: München Architektur. Stadtentwicklung / Stadtgestalt 1975-2015. München, 2009.

citycom – Büro für Stadtplanung und Kommunikation (Hrsg.): Dokumentation zur Evaluierungsveranstaltung Bürgergutachten Kunstareal München – Ein Jahr danach (9. Mai 2015, Amerikahaus). München, 2015.

Dehio, Georg: Bayern 4. München und Oberbayern. Handbuch der deutschen Kunstdenkmäler. Bd. 4. Berlin, 2006.

DGB-Bildungswerk München (Hrsg.): Das andere München. München, 2008.

DGB-Bildungswerk München (Hrsg.): Die Spuren Amerikas in München. München, 2015.

Friedel, Helmut / Mühling, Matthias (Hrsg.): Das Lenbachhaus. München, 2013.

Grammbitter, Ulrike / Lauterbach, Iris: Das Parteizentrum der NSDAP in München. Berlin/ München, 2009.

Hochleitner, Rupert: Museum Reich der Kristalle / Mineralogische Staatssammlung München – Ein Führer durch die Sammlungen. München, o.J.

Hochschule für Musik und Theater München (Hrsg.): Jahresbericht zum Studienjahr 2013/2014. München, 2014.

Klier, Melanie: Pinakothek der Moderne München.München, 2003.

Kopleck, Maik: Pastfinder: München 1933-1945. Berlin, 2009.

Krause, Alexander: Arcisstraße 12. Palais Pringsheim – Führerbau – Amerika Haus – Hochschule für Musik und Theater München. München, 2015.

Kunstareal München: Freiflächenworkshop. München 6.-8. Oktober 2010. (DVD).

Lehrstuhl für Städtebau und Regionalplanung TU München (Hrsg.): Kunstareal München. Konferenz München 17.-18.4.2009. Teil 1: Intro. München, 2009.

Lehrstuhl für Städtebau und Regionalplanung TU München (Hrsg.): Kunstareal München, Konferenz München 17.-18.4.2009. Teil 2: Dokumentation. München, 2009.

Lehrstuhl für Städtebau und Regionalplanung TU München (Hrsg.): Kunstareal München, Freiflächenworkshop München 6.-8.10.2010. Teil 3: Intro. München. 2010.

Lehrstuhl für Städtebau und Regionalplanung TU München (Hrsg.): Kunstareal München, Freiflächenworkshop, München 6.-8.10.2010. Teil 4: Dokumentation. München, 2011.

Lehrstuhl für Städtebau und Regionalplanung TU München (Hrsg.): Kunstareal München, Allgemeine Diplomarbeit Oktober 2010 – Februar 2011. Teil 5: Dokumentation. München, 2011.

Lehrstuhl für Städtebau und Regionalplanung TU München (Hrsg.): Kunstareal München, Grafisches Erscheinungsbild und Orientierungssystem. Teil 6: Dokumentation. München, 2011.

Lehrstuhl für Städtebau und Regionalplanung TU München (Hrsg.): Kunstareal München, Konzeptstudie zur räumlichen Entwicklung. Teil 7: Analyse. München, 2011.

Lehrstuhl für Städtebau und Regionalplanung TU Mün-

chen (Hrsg.): Kunstareal München, Konzeptstudie zur weiteren räumlichen Entwicklung. Teil 8: Talentsteckbriefe. München, 2011.

Lehrstuhl für Städtebau und Regionalplanung TU München (Hrsg.): Kunstareal München, Konzeptstudie zur weiteren räumlichen Entwicklung. Teil 9: Maßnahmen. München, 2011.

Lehrstuhl für Städtebau und Regionalplanung TU München (Hrsg.): Kunstareal München, Kommunikation. Teil 10: Maßnahmen. München, 2011.

Lehrstuhl für Städtebau und Regionalplanung TU München (Hrsg.): Kunstareal München, Maßnahmenkatalog und Maßnahmenplan. Teil 11: Gesamtstrategie. München, 2011.

Maaz, Bernhard (Hrsg.): Die Pinakotheken in Bayern – Schätze und Orte der Bayerischen Staatsgemäldesammlungen. München, 2015.

Nerdinger, Winfried / Florschütz, Inez (Hrsg.): Architektur der Wunderkinder / Aufbruch und Verdrängung in Bayern 1945-1960. München, 2005.

Nerdinger, Winfried (Hrsg.): Leo von Klenze – Architekt zwischen Kunst und Hof 1784-1864. München, 2000.

Nerdinger, Winfried (Hrsg.): NS-Dokumentationszentrum München – Lern- und Erinnerungsort zur Geschichte des Nationalsozialismus. Kurzführer zur Ausstellung. München, 2015.

Referat für Stadtplanung und Bauordnung der Landeshauptstadt München (Hrsg.): Bürgergutachten zum Kunstareal München. München, 2014.

Referat für Stadtplanung und Bauordnung der Landeshauptstadt München (Hrsg.): Innenstadt weiterdenken – Pläne und Positionen für München –Zukunft findet statt. München, 2015.

Referat für Stadtplanung und Bauordnung der Landeshauptstadt München (Hrsg.): Videodokumentation über das Bürgergutachten zum Kunstareal 2013. Regie: Moritz Binder, Projektleitung: Nora Ahrens, Produktion: Hochschule für Fernsehen und Film München. München, 2014.

Romero, Andreas: Exkursion durch das „Kunstareal München" (1.10.2013) unter: www.stadt-werk-statt.de

Schawe, Martin: Alte Pinakothek München. München, 2010.

Schoske, Sylvia / Wildung, Dietrich: Das Münchner Buch der ägyptischen Kunst. München, 2013.

Schroeder, Veronika: Neue Pinakothek München.München, 2004.

Sheehan, James J.: Geschichte der deutschen Kunstmuseen. Von der fürstlichen Kunstkammer zur modernen Sammlung. München, 2002.

Staatliches Bauamt München 2 (Hrsg.): Hochschule für Fernsehen und Film / Staatliches Museum Ägyptischer Kunst. München, o.J.

Stankiewitz, Karl: Prachtstraßen in München. Brienner und Prinzregentenstraße. Dachau, 2009.

Technische Universität München – Studenten Service Zentrum (SSZ) (Hrsg.): Reiseführer Campus München Stammgelände / Studienberatung & Schulprogramme (www.schueler/tum.de). München, 2014.

Wünsche, Raimund / Steinhart, Matthias (Hrsg.): Zauber in edlem Stein – Antike Gemmen. Die Stiftung Helmut Hansmann. Lindenberg, 2010.

BILDNACHWEIS

Luftaufnahme Umschlag: © Landeshauptstadt München, Kommunalreferat, Geodaten Service 2015.
Abtei St.Bonifaz: 109f.; **Amerikahaus:** 103; Hans Christian **Barth:** 60; **Bayerische** Sammlung für Paläontologie und Geologie: 56; **Bayerische** Staatsgemäldesammlungen: 125; Margit **Behrens:** 62; Jürgen **Betten:** 4f., 10, 12-19, 21ff., 33, 38, 42, 47f., 50, 52f., 55, 64f., 75, 77, 79, 81, 86f., 93, 96, 98, 100, 105, 117, 122, 127-130, 133, 140f.; Florian **Ganslmeier/MKO:** 25; Heinz **Gebhardt:** 30; **Hochschule** für Musik und Theater München: 59; **Kunstpavillon** e.V.: 112; Sabine **Schrott:** 7, 69, 84, 89, 95; **Sonner,** Vallée & Partner: 143 (Plangrundlage); **St. Markus/R.Schulz:** 107; **Studio** Nitzan Cohen: 121; **Verlag J. Lindauer:** 28; Kaija **Voss:** 6, 20, 27, 29, 36, 40, 58, 66, 72f., 76, 80, 82, 90, 94, 118, 120, 124.

PERSONENREGISTER